MINISTÈRE DE LA GUERRE.

Service des Subsistances militaires et du Chauffage.

MANUEL DES ORDINAIRES DE LA TROUPE.

14 DÉCEMBRE 1861.

PARIS,

LIBRAIRIE MILITAIRE.

J. DUMAINE, LIBRAIRE-ÉDITEUR DE L'EMPEREUR,

RUE ET PASSAGE DAUPHINE, 30.

1862

SOMMAIRE.

Paris.— Imprim. de Cosse et J. Dumaine, rue Christine, 2.

RAPPORT A L'EMPEREUR.

Paris, le 14 décembre 1864.

SIRE,

J'ai rendu compte, au mois de juin, à Votre Majesté, des premiers résultats de l'application du règlement provisoire du 20 février dernier sur la gestion des ordinaires, et des mesures que j'avais prises pour en assurer le développement. Les inspecteurs généraux d'armes étaient chargés de procéder, pendant leur inspection, à une enquête sur le fonctionnement du nouveau système, d'en apprécier les bons effets, d'en étudier surtout les imperfections; MM. les maréchaux commandant les corps d'armée devaient centraliser le travail des inspecteurs généraux, le faire suivre des observations que leur haute expérience leur suggérerait et me le transmettre à la fin d'octobre.

Concurremment, une commission centrale, réunie à Paris sous la présidence d'un colonel de régiment, avait pour mission de déterminer les locaux et le matériel nécessaires à la réception, à la distribution et à la cuisson des denrées. La commission avait aussi l'ordre de résoudre la question du blanchissage économique du linge, partout où on ne pourra pas l'obtenir à des conditions plus favorables dans des établissements spéciaux.

Les inspecteurs généraux et MM. les maréchaux sont *unanimes* pour reconnaître la supériorité du mode de gestion mis en pratique, l'amélioration très-notable qu'il doit produire; leurs rapports et leurs propositions m'ont permis de reviser et de compléter les dispositions adoptées provisoirement le 20 février dernier, et je puis aujourd'hui soumettre, avec sûreté, à l'approbation de Votre Majesté le règlement qui régira définitivement les ordinaires.

De même que les précédentes ordonnances, ce règlement a pour base fondamentale la sollicitude des capitaines pour leur troupe, avec une différence essentielle, cependant: au rôle isolé de chaque capitaine de compagnie, d'escadron ou de batterie, aux achats partiels et sans contrôle possible d'un caporal assisté d'hommes de corvée, se trouve substituée l'action, pour le corps entier, d'un officier supérieur et de quatre capitaines commandants; action stimulée par une louable émulation, soutenue, surveillée tout à la fois par l'autorité du chef de corps, puis facilitée par l'avantage d'opérations assez importantes pour appeler la concurrence sérieuse et profitable du commerce. Enfin une comptabilité claire, méthodique, élémentaire, donne la garantie de l'emploi judicieux et consciencieux des fonds de l'ordinaire.

Tel est en substance le nouveau règlement.

Sans doute il impose des devoirs un peu plus assujettissants ; mais l'accomplissement en sera rendu facile aux commissions d'achat par la pensée de resserrer plus fortement encore, dans tous les rangs, les liens de l'affection et de la discipline.

J'ai voulu apprécier par moi-même les résultats d'une expérience pratique que j'ai ordonnée à Paris dans le 78e de ligne ; ils m'ont donné une complète satisfaction. L'ordre, la propreté introduits dans les moindres détails, et une variété suffisante dans la préparation des aliments vont être généralisés et contribueront à augmenter le bien-être des troupes.

Quant à la question du blanchissage, on peut la considérer comme résolue.

J'ai l'honneur de prier Votre Majesté de vouloir bien approuver le nouveau règlement. Les instructions et les notices qui l'accompagneront en feront un Manuel complet sur toutes les questions relatives aux ordinaires.

Je suis avec le plus profond respect,

Sire,

De Votre Majesté,

Le très-obéissant, très-dévoué serviteur et très-fidèle sujet,

Le Maréchal de France,
Ministre Secrétaire d'État de la guerre,

RANDON.

Le Ministre Secrétaire d'Etat de la guerre à LL. EExc. MM. les Maréchaux commandant les corps d'armée; MM. les Généraux commandant les divisions territoriales et actives; les Chefs de corps; les Intendants divisionnaires; les Sous-Intendants militaires. (5e Direction; Administration; Bureau des Subsistances militaires et du Chauffage.)

Paris, le 25 janvier 1862.

(Règlement définitif sur la gestion des ordinaires de la troupe : Son application à dater du 1er février. Envoi d'un Manuel.)

Messieurs, j'ai l'honneur de vous adresser des exemplaires du *Manuel des ordinaires de la troupe* dont j'ai annoncé la publication dans mon rapport à l'Empereur du 14 décembre dernier.

En tête de ce Manuel se trouve le Règlement définitif que S. M. a approuvé le même jour, et qui recevra son exécution à dater du 1er février prochain. Je vais signaler les dispositions principales qui diffèrent de celles du règlement provisoire du 20 février 1861; je ferai, concurremment, les observations ou recommandations que chacune d'elles comporte.

TITRE Ier.

FONDS COURANT DE L'ORDINAIRE.—FONDS D'ÉCONOMIE.—LEUR DESTINATION.

Les fonds de l'ordinaire se divisent en deux parts bien distinctes, savoir : le *service courant*, le *fonds d'économie*; ce dernier est entretenu exclusivement, autant que possible, au moyen des *recettes additionnelles*.

Toutes les opinions émises dans l'enquête à laquelle j'ai fait procéder par MM. les inspecteurs généraux d'armes m'ont confirmé dans la pensée que, pour le *fonds d'économie*, il convenait de substituer aux limites fixes de la circulaire du 9 septembre 1840 des bases proportionnelles que j'ai arrêtées comme il suit par *homme présent :*

	GARDE IMPÉRIALE.	TROUPES DE LIGNE.		
		INFANTERIE.	CAVALERIE.	ARTILLERIE, GENIE.
Intérieur	1f	0f 70	0f 80	0f 90
Algérie..	»	1 50	1 75	2 00

Ces fixations serviront à déterminer, successivement, le *maximum* que le fonds d'économie ne devra pas dépasser suivant l'effectif.

L'art. 1er du Règlement renouvelle en termes formels la disposition de principe : que *toute imputation irrégulière au fonds courant de l'ordinaire et au fonds d'économie engage la responsabilité de l'officier qui l'a prescrite ou tolérée.* Afin qu'aucune hésitation n'existe à ce sujet, j'ai fait inscrire dans la formule de *livret* dont il sera parlé plus bas, l'énumération des seules dépenses qui peuvent être mises à la charge des ordinaires.

TITRE II.

COMMISSION DES ORDINAIRES.

Conformément au vœu généralement exprimé, un lieutenant fait partie de la commission comme *secrétaire*, avec fonction d'officier-comptable ; il a voix consultative. Quant aux membres, ils seront remplacés par moitié, à deux époques également alternées, afin que toute commission nouvellement reconstituée soit toujours éclairée sur les actes de celle qui l'aura précédée.

Les rapports d'enquête ont représenté la nécessité que, dans les places où plusieurs corps tiennent garnison, les conférences des présidents de commission, au lieu d'être facultatives, soient rendues obligatoires : l'art. 7 contient cette prescription.

TITRE III.

PASSATION DES MARCHÉS.

La formule du cahier des charges que j'ai fait préparer en exécution de l'art. 9 ne contient plus, particulièrement pour la fourniture de la viande, aucune des restrictions gênantes qui pouvaient entraver les opérations de la commission. J'ai introduit aussi dans cette formule une combinaison qui est de nature à faciliter la concurrence des soumissionnaires, et à créer, pour la commission, une garantie suffisante.

Enfin, tout en maintenant la clause de résiliation du marché lorsque le corps reçoit une autre destination, j'ai fait réserver, pour le régiment attendu, le droit d'exiger la continuation de la fourniture, afin que la commission, à son arrivée, ait toujours devant elle un temps suffisant pour traiter à des conditions favorables.

TITRE IV.

LIVRAISON ET RÉCEPTION.

Il y a eu impossibilité, dans certaines places, d'obtenir que les entrepreneurs fissent leurs livraisons à la caserne. L'art. 11 tient compte de cette éventualité. Je rappelle, cependant, que rien ne doit être négligé pour que les livraisons soient faites au quartier, puisque toute autre manière d'opérer serait de nature à faire renaître l'un des abus de l'ancien système. Il me paraît d'autant plus facile d'exiger cette condition que le commerce, aujourd'hui, porte généralement à domicile les quantités les plus minimes achetées par la classe civile.

TITRE V.

MODE DE GESTION ET DE DISTRIBUTION.

Le mode adopté par le règlement du 20 février 1861 pour la centralisation des commandes journalières avait soulevé de nombreuses objections auxquelles la rédaction nouvelle a donné satisfaction.

TITRE VI. — TITRE VII.

REGISTRES A TENIR. — PAIEMENTS.

La principale objection que faisait naître le règlement du 20 février 1861 provenait du mode de paiement. Les livraisons étaient effectuées par un seul fournisseur, et cependant celui-ci était obligé de justifier séparément des quantités distribuées à chaque compagnie, escadron, batterie, puis d'obtenir de chacune d'elles le paiement de la somme dont elle était redevable. Cet état de choses, dangereux comme diverses circonstances l'ont prouvé, n'était pas moins nuisible aux intérêts du corps. Le règlement du 14 décembre 1861 fait disparaître ces graves inconvénients.

Mais il est nécessaire pour cela que le *livret* devienne à la fois un titre de commande, un bon de distribution, un compte préparatoire, un moyen de contrôle permanent entre les écritures de la compagnie et celles de la commission, un *cahier de quittances*. La nouvelle formule satisfait à toutes ces exigences. J'ai voulu, de plus, qu'elle contînt un résumé succinct de toutes les prescriptions dont les ordinaires ont à faire l'application journalière. Afin d'assurer une parfaite uniformité dans les opérations de l'ensemble des corps, j'ai confié à l'Imprimerie impériale le soin de fournir le *livret* qui, d'ailleurs, sera établi par elle à un prix inférieur de beaucoup à celui que les troupes payaient aux éditeurs civils. Cette disposition s'étend même aux compagnies et sections qui ne sont pas soumises aux prescriptions du règlement.

En chargeant la commission d'acquitter désormais les sommes dues aux fournisseurs, il fallait aviser à ce que, aussitôt reçues, le paiement en fût fait aux ayants-droits. C'est ce qui aura lieu si l'on se conforme ponctuellement aux termes de l'art. 16, et je ne saurais trop appeler sur ce point la sollicitude et la vigilance des chefs de corps, des présidents et des membres de commission.

Lorsque le deuxième mode de gestion sera mis en pratique, il est nécessaire aussi que les avances soient limitées au strict indispensable : cette nécessité ressort de l'impossibilité pour les commissions d'avoir une caisse organisée.

La comptabilité a reçu toutes les simplifications qui étaient réalisables, et des formules rectifiées de chacun des registres vont être adressées aux commissions pour les écritures qu'elles auront à tenir à partir du 1er février.

Comme conséquence de l'intervention de la Commission dans les paiements, l'établissement du registre des recettes et des dépenses devient obligatoire, même lorsque toutes les distributions seront faites directement aux ordinaires par les fournisseurs.

TITRE VIII.

VÉRIFICATION DE LA COMPTABILITÉ. — COMPTES RENDUS. — RAPPORTS DE GESTION.

La création des comptes rendus mensuels constitue pour les chefs de corps, pour les intendants inspecteurs et pour les inspecteurs généraux d'armes, un moyen de vérification efficace qui permet de réduire à un seul, par période de gestion, le rapport d'ensemble destiné à mon administration. Le maréchal commandant le corps d'armée auquel ils auront été adressés par la voie hiérarchique, centralisera tous les rapports de son commandement, et me les transmettra, le 20 du mois qui suivra l'expiration de la gestion.

MESURES D'APPLICATION.

L'adoption du nouveau système exigeait diverses mesures qui vont recevoir leur réalisation :

Les locaux nécessaires au fonctionnement des commissions ont été ou seront appropriés successivement dans les casernes ;

Des collections d'ustensiles de cuisine et de chambrée, mis bientôt à la disposition des troupes, affranchiront celles-ci de la dépendance onéreuse des fournisseurs, et procureront un allègement sensible aux fonds de l'ordinaire. J'adresserai prochainement des ordres pour la répartition, entre les corps, des objets qui leur sont destinés.

Le *Manuel* contient sur l'un et sur l'autre sujet des instructions détaillées qui font connaître quelle est la part contributive du service du génie, de la masse générale d'entretien, des fonds de l'ordinaire.

Le matériel de cuisine permettra d'apporter, dans la préparation des aliments, un soin et une propreté qui n'ont pas existé jusqu'ici, qu'il importe essentiellement d'introduire et de faire progresser comme éléments de bien-être et d'hygiène.

J'ai pensé qu'une notice claire et succincte, relative aux différents modes de préparation des denrées, contribuerait puissamment à ce résultat, et je l'ai comprise dans la composition du *Manuel*. Une autre partie de ce livre traite du *blanchissage du linge par le procédé ordinaire*, procédé, qui, bien appliqué, peut produire une grande réduction sur la somme consacrée aujourd'hui à cet usage. Je ferai connaître avant peu les dispositions qu'il y aura lieu de prendre pour faire l'application de ce procédé par corps entiers dans les localités où il ne sera pas possible de recourir à une combinaison plus profitable encore.

Le but du nouveau système de gestion a été de substituer aux opérations isolées de chaque compagnie, escadron, batterie, une action commune, mieux éclairée, plus vigilante, et plus en état de réaliser de notables économies. Mais ce but ne serait qu'imparfaitement atteint si une impulsion uniforme ne se faisait pas remarquer partout dans la pratique.

Je suis informé que, dans cette pensée, la sollicitude de plusieurs chefs de corps les a déjà portés à confier à l'officier de casernement le soin de surveiller les opérations des cuisines, et concurremment celle de la blanchisserie régimentaire là où elle se trouve constituée.

Cette idée peut être féconde : je tiens donc à vous la signaler, afin que la généralisation de la mesure dans les régiments permette de bien en apprécier les effets, et d'en faire l'objet plus tard, s'il y a lieu, d'une prescription qui aura pour elle, alors, la sanction de l'expérience.

Je recommande que MM. les généraux de brigade, dans leurs revues trimestrielles, *se rendent compte par eux-mêmes* si le Règlement du 14 décembre 1861 reçoit dans toutes ses parties une application éclairée. Les observations qu'ils auront faites à ce sujet seront consignées par eux à la suite des rapports que les corps ont à établir pour chaque gestion de commission ; MM. les généraux divisionnaires les reproduiront succinctement, et feront connaître, en même temps, les dispositions qu'ils auront prises pour faire cesser immédiatement les déviations, les inconvénients qui auront été signalés. En outre, et toutes les fois qu'ils jugeront que mon attention doit être appelée plus promptement, les généraux de brigade établiront un rapport spécial qui me sera transmis par la voie hiérarchique (*Bureau des subsistances militaires et du chauffage*).

Agréez, etc.

Le Maréchal de France,
Ministre secrétaire d'État de la guerre,

Signé : RANDON.

RÈGLEMENT

SUR

LA GESTION DES ORDINAIRES DE LA TROUPE.

TITRE Ier.

FONDS COURANT DE L'ORDINAIRE. — FONDS D'ÉCONOMIE. — LEUR DESTINATION.

ART. 1er. — Les fonds de l'ordinaire sont destinés :

1° A assurer, concurremment avec la ration de pain fournie par l'Etat, la subsistance des troupes, et à pourvoir aux diverses dépenses que cette partie de la solde doit supporter aux termes des règlements ;

2° A alimenter une réserve qui, sous le titre de *Fonds d'économie*, sert à améliorer l'ordinaire, soit aux jours de fêtes nationales, soit dans les circonstances exceptionnelles ou dans les époques de cherté.

Le *Fonds d'économie* ne doit, dans aucun cas, dépasser un maximum que des décisions ministérielles déterminent, et dont la quotité, pour chaque arme, est fixée proportionnellement par homme présent (1).

Toute imputation, autre que celles qui sont indiquées ci-dessus, faite sous quelque prétexte que ce soit, au fonds courant de l'ordinaire et au *Fonds d'économie* engage la responsabilité de l'officier qui l'a prescrite ou tolérée.

TITRE II.

COMMISSION DES ORDINAIRES.

ART. 2. — L'achat, la réception, la distribution des denrées et des

(1) Le fonds d'économie est fixé comme ci-après par *homme présent* pour les différentes armes.

	GARDE IMPÉRIALE.	TROUPES DE LIGNE.		
		Infanterie.	Cavalerie.	Artillerie, Génie.
Intérieur.	1f	0f 70	0f 80	0f 90
Algérie.	»	1 50	1 75	2 00

objets qui sont à la charge des ordinaires, sont assurés, dans chaque régiment, par les soins d'une commission spéciale.

Il en est de même de la vente des issues et résidus de toutes sortes provenant des ordinaires.

Art. 3. — La commission des *ordinaires* est nommée par le *colonel*; elle est composée comme il suit :

Président : Un chef de bataillon ou d'escadrons ;

Membres : Quatre capitaines de compagnie, d'escadron ou de batterie ;

Secrétaire : Un lieutenant faisant fonctions d'officier comptable de la commission, avec voix consultative.

Les chefs de bataillon ou d'escadrons sont appelés à la présidence, successivement, et par rang d'ancienneté.

Les membres de la commission sont pris à tour de rôle, d'après l'ordre des compagnies, escadrons, batteries.

Dans les troupes à cheval, les capitaines en second concourent, avec les capitaines commandants, pour la composition de la commission.

La commission est assistée par deux sous-officiers que le colonel désigne également.

Le lieutenant secrétaire et les sous-officiers adjoints sont dispensés du service de place et du service de semaine.

Art. 4. — La commission est reconstituée trois fois par an aux dates des 1er février, 1er juin et 1er octobre.

Le président et le secrétaire sont nommés à ces mêmes dates.

Les membres de la commission sont renouvelés par moitié comme il suit :

Deux membres sont nommés aux dates sus-indiquées ; — ils cessent leurs fonctions en même temps que le président.

Deux membres sont remplacés aux dates intermédiaires des 1er avril, 1er août, 1er décembre. — Ces derniers continuent leurs fonctions pendant deux mois dans la commission nouvelle, afin de l'éclairer sur les actes de celle qui l'a précédée.

Les sous-officiers sont désignés, l'un aux dates de reconstitution de la commission, l'autre aux dates intermédiaires.

En dehors des renouvellements périodiques et en cas de mutation ou d'empêchement, le colonel pourvoit au remplacement du membre absent ou empêché, en se conformant aux dispositions générales qui sont prescrites dans l'article 3.

Art. 5. — La commission se réunit sur la convocation de son président.

Lorsque le président est empêché, le membre le plus ancien de grade le supplée.

La commission peut délibérer au nombre de trois membres y compris l'officier qui la préside.

En cas de partage des voix, celle du président est prépondérante.

Art. 6. — La commission réclame des fonctionnaires de l'intendance et des autorités civiles toutes les informations qu'elle juge utiles au succès de ses opérations.

Art. 7. — Si plusieurs corps stationnent dans la même place, les présidents de commission sont autorisés par l'autorité militaire à se réunir en conférence, aux époques qu'ils jugent les plus convenables. Ces réunions sont obligatoires, de toute façon, aux époques où il y a lieu de préparer le renouvellement des marchés.

Les chefs de corps et les généraux commandants surveillent l'exécution de cette disposition.

Art. 8. — Lorsque les commissions éprouvent des difficultés provenant de coalitions ou de collusions, l'autorité militaire, sur leur rappòrt, recourt à l'intervention des fonctionnaires municipaux, des préfets et des sous-préfets. Le général commandant la division en réfère, s'il y a lieu, au ministre.

TITRE III.

PASSATION DES MARCHÉS.

Art. 9. — La commission agit pour le corps entier.

En principe, elle procède, soit par adjudication, soit de gré à gré.

Cependant, lorsqu'il doit en résulter quelque économie, elle opère à la halle, traite directement avec le producteur, achète sur facture, en gros et en demi-gros ; enfin, prend dans les magasins militaires, les denrées, les liquides et tous objets dont l'administration de la guerre consent la cession à titre remboursable.

Les marchés sont rédigés à la suite d'une formule de cahier des charges que la commission modifie selon les circonstances du moment ou les exigences locales.

Art. 10. — Les marchés sont soumis à l'approbation du colonel.

Une copie des marchés et conventions est affichée dans les chambres des chefs d'ordinaire.

TITRE IV.

LIVRAISON ET RÉCEPTION.

Art. 11. — A moins d'impossibilité reconnue, les marchés et conventions stipulent que les livraisons seront faites à la caserne. Des locaux appropriés à usage de magasin sont mis, à cet effet, à la disposition de la commission.

Art. 12. — Un membre de la commission, délégué chaque semaine par le président, reconnaît les livraisons.

En cas de contestation, et si le fournisseur refuse ou tarde de remplacer immédiatement les denrées ou objets non acceptés, la commission est convoquée ; elle prononce définitivement. Lorsque le besoin l'exige, elle fait acheter au compte du fournisseur les quantités jugées nécessaires.

TITRE V.

MODE DE GESTION ET DE DISTRIBUTION.

Art. 13. — Deux modes de procéder, que, sur le rapport de la commission, il appartient au colonel de prescrire distinctement ou simultanément, peuvent être employés, savoir: la fourniture simple, la gestion par la commission.

1er *Mode.* — Aussitôt après leur réception, les denrées ou objets sont distribués directement aux ordinaires par les soins des fournisseurs.

2e *Mode.* — La commission fait emmagasiner les quantités reçues, et en fait elle-même la distribution.

Art. 14. — Les quantités à prendre pour le lendemain sont indiquées au livret d'ordinaire que le commandant de la compagnie fait communiquer chaque jour, à l'heure prescrite, au secrétaire de la commission.

Celui-ci inscrit ces quantités sur un carnet qu'il tient à cet effet; il avise les fournisseurs.

Les distributions se font dans l'ordre et aux heures qui sont déterminés à l'avance; le membre délégué de la commission les surveille personnellement; il est assisté par un ou plusieurs officiers que le président est autorisé à désigner, tous les jours, parmi ceux qui sont chargés de la direction des ordinaires. Chaque compagnie, à tour de rôle, est servie la première.

TITRE VI.

REGISTRES A TENIR.

Art. 15. — Les opérations de la commission sont constatées au moyen des registres spécifiés ci-après :

Registre des marchés et conventions (*achats et ventes*), contenant le résumé des principales dispositions et la date de l'approbation du colonel;

Registre des distributions faites aux compagnies par les fournisseurs ou par la commission ;

Registre des recettes et des dépenses (*deniers*) ;

A ces trois registres on ajoute le suivant, si le mode de gestion par la commission (Article 13) est pratiqué en tout ou en partie :

Registre des entrées et des sorties (*denrées ou objets divers*).

Le secrétaire de la commission est chargé de la tenue de la comptabilité et de toutes les écritures : il a droit, à ce titre, à une allocation de frais de bureau qui est réglée par décision ministérielle.

Le secrétaire est assisté dans son travail par les sous-officiers adjoints à la commission.

TITRE VII.

PAIEMENT.

Art. 16. — Les fournisseurs sont payés tous les cinq jours (1) par le secrétaire de la commission, dans les mains duquel chaque capitaine de compagnie, escadron, batterie, a fait verser, à l'heure indiquée, la valeur totale des quantités distribuées à l'ordinaire. Un avis signé par le capitaine accompagne ce versement.

Le secrétaire donne quittance sur le livret, et se fait remettre, le même jour, par les fournisseurs, des reçus jusqu'à due concurrence. Aussitôt après, le secrétaire établit un bordereau où il totalise : les sommes reçues de chaque ordinaire; les sommes payées aux fournisseurs. Il joint à l'appui du bordereau les avis de versement et les factures quittancées, puis les soumet au président avant la fin de la journée.

Dans les cas — d'achat à la halle — d'achat aux producteurs — de marché par défaut, dans le cas aussi de gestion totale ou partielle par la commission, le colonel autorise, sur la solde ou sur le fonds d'économie, des prélèvements dont le montant, contre la demande écrite du président, est remis au secrétaire, qui en donne reçu.

Ces prélèvements sont faits dans la proportion des besoins successifs.

TITRE VIII.

VÉRIFICATION DE LA COMPTABILITÉ, COMPTES RENDUS. — RAPPORT DE GESTION.

Art. 17. — Les registres décrits à l'article 15 sont arrêtés par le secrétaire de la commission, le dernier jour de chaque mois.

A la même date, cet officier établit un compte rendu sommaire embrassant l'ensemble des opérations de la commission pendant ce même mois, tant pour les matières que pour les deniers.

Les pièces justificatives nécessaires, notamment toutes les factures quittancées des fournisseurs, sont jointes à l'appui des comptes rendus mensuels.

Si la durée de la commission expire avec le mois, le secrétaire, indépendamment des productions énumérées ci-dessus, prépare, sur la situation des ordinaires du corps, un projet de rapport pour le Ministre, comprenant, en son entier, la période de gestion de la commission.

Art. 18. — Du 1er au 5 du mois qui suit celui auquel les opérations se rapportent, et après vérification en séance de la commission, le président vise les registres — le compte rendu mentionné à l'article précédent et toutes les pièces à l'appui — le projet de rapport au

---

(1) Le dernier jour du mois pour la période complémentaire.

Ministre, lorsqu'il y a lieu, et transmet au colonel ces deux derniers documents avec les justifications voulues.

Le colonel réclame les explications, prescrit les redressements et fait les recommandations nécessaires; il revêt ensuite le compte rendu de sa signature, et le conserve, ainsi que tous ceux de la période d'une inspection générale à l'autre, pour les soumettre au contrôle de l'Intendant inspecteur et de l'Inspecteur général d'armes, chacun en ce qui le concerne. Les comptes sont déposés ensuite aux archives.

Quant au rapport de fin de gestion de la commission, le colonel le fait suivre de ses observations, et l'adresse par la voie hiérarchique au général commandant la *division territoriale* (1).

TITRE IX.

DISPOSITIONS DIVERSES.

Art. 19. — Les bataillons et escadrons formant corps, ainsi que toutes portions de corps détachées, sont soumis aux prescriptions du présent règlement, dans la mesure des conditions qui leur sont propres, en se conformant aux dispositions suivantes :

1° Afin qu'il exerce dans leur plénitude les attributions dévolues au colonel par les articles qui précèdent, l'officier commandant le corps ou le détachement ne remplit jamais les fonctions de président de la commission des ordinaires ;

2° Trois officiers, le président compris, peuvent constituer la commission ; la présence de deux d'entre eux suffit alors pour rendre les délibérations valables;

3° Il n'est pas formé de commission lorsque, en dehors de l'officier commandant, il n'y a pas trois officiers pour la composer ; les achats restent confiés alors aux ordinaires ;

4° Les corps organisés sous le titre de compagnies ou sections ne sont pas soumis aux prescriptions du présent règlement.

Art. 20. — Les dispositions de détail nécessaires pour assurer l'exécution du présent règlement sont arrêtées par les chefs de corps.

Paris, le 14 décembre 1861.

Le Maréchal de France,
Ministre Secrétaire d'Etat de la guerre,
Randon.

Approuvé :
NAPOLÉON.

---

(1) Pour la garde impériale seulement, les rapports sont adressés au maréchal commandant en chef.

CAHIER DES CHARGES

Et marché pour la fourniture de la viande fraîche aux ordinaires d(1)

Nota. Afin que la nouvelle commission des ordinaires ait le temps de préparer la passation d'un autre traité, on devra ne jamais faire coïncider l'expiration du marché avec l'une des époques de reconstitution de la commission ; cependant, on ne dépassera pas cette époque de plus de trente jours, à moins d'une décision expresse du colonel prise sur le rapport motivé de la commission en exercice.

Art. 1er. Le service à entreprendre consiste à fournir, du au , les quantités de viande fraîche nécessaires aux ordinaires d (1)

Art. 2.

Fourniture par quartiers entiers.

La viande fraîche à fournir est celle de bœuf, de vache ou de mouton (2).

Chaque espèce de viande est fournie dans les proportions suivantes :

Bœuf,
Vache,
Mouton ;
(2).

Ne peuvent entrer dans les distributions :

La tête, à l'exception des *bajoues* pour le bœuf et pour la vache (2) ;

Fourniture par morceaux débités.

Si l'on est dans la nécessité d'admettre des morceaux débités, on emprunte à la rédaction ci-contre la partie qui peut s'appliquer à ce genre de fourniture. De plus, on précise expressément :

1° *Quelles sont les catégories admises :* { *Bœuf, Vache* (2), *Mouton;* }

(1) Indiquer le corps.

(2) Stipuler l'exclusion du taureau ; on n'admettra cette sorte de viande que si le corps se trouve dans une localité où l'exclusion en soit impossible.

Fourniture par quartiers entiers.

La fressure comprenant :

Pour le mouton, — le cœur, le foie, la rate et les poumons ;

Pour le bœuf et la vache—(2), la rate et les poumons ;

Les pieds ;

De plus, pour la vache, les mamelles.

Sont exclus également les suifs formant des masses ou pelotes volumineuses dans l'intérieur de l'animal ; sont admises, au contraire, les graisses adhérentes et étendues par couches dans la viande et à sa surface.

(3)

Dans les villes qui possèdent un abattoir, les animaux doivent porter l'estampille de cet établissement.

Le boucher apporte à la caserne (4) les animaux entiers, ou séparés seulement par quartiers ; dans ce dernier cas, les issues en auront été enlevées ; les graisses à retirer sont extraites lors du dépècement (4).

Fourniture par morceaux débités.

2° Quelle est la proportion obligatoire des livraisons de chaque catégorie ;

3° Quelle est, pour les catégories inférieures, la proportion de viande que l'entrepreneur doit livrer désossée.

Art. 3. Les livraisons sont faites, chaque jour, dans un local de la caserne affecté à cet usage, et à l'heure fixée par le colonel (4).

La quotité de la ration est, en moyenne, de à grammes par homme et par jour. En cas de variation sensible dans l'effectif, l'entrepreneur en est prévenu vingt-quatre heures à l'avance.

Le dépècement, la préparation et la distribution à chaque ordinaire sont effectués, par les soins de l'entrepreneur, au moyen d'un outillage à lui appartenant; quant aux balances, elles sont fournies et entretenues par le corps. Un soldat de la profession de boucher, autant que possible, est mis à la disposition du fournisseur pour l'aider dans ces opérations (5).

---

(3) D'un autre côté, on stipule le prélèvement, au profit du boucher, du filet, des aloyaux, de la langue, des rognons, si l'on peut obtenir une réduction de prix qui constitue un avantage réel pour le corps.

(4) S'il y a impossibilité reconnue d'imposer cette obligation (article 11 du règlement), la commission doit exiger les conditions et prendre les dispositions nécessaires pour qu'il ne résulte aucun abus du non-apport à la caserne.

(5) Si le mode de gestion par la commission des ordinaires est mis en vigueur, ces articles sont modifiés selon les exigences.

À l'exception des parties qui ont été rejetées des distributions, l'entrepreneur ne peut, sans autorisation expresse, emporter au dehors aucun morceau.

Art. 4. La réception est opérée par un officier délégué de la commission des ordinaires. En cas de difficultés, cette commission est convoquée ; elle prononce sans intervention d'expert ; sa décision est exécutoire sans appel. Les quantités rejetées sont remplacées immédiatement par les soins de l'entrepreneur.

Art. 5. La commission des ordinaires pourvoit de la manière qu'elle juge convenable, et aux risques et périls de l'entrepreneur, à la fourniture des quantités que celui-ci n'aurait pas, à l'heure voulue, livrées ou remplacées après leur rejet.

Art. 6. Si l'entrepreneur manque aux obligations qui lui sont imposées, ou si le service est exécuté avec un esprit de mauvaise foi qui se manifeste, soit par des tentatives répétées pour faire admettre de la viande de mauvaise qualité ou des parties exclues des distributions par le cahier des charges, soit par toute autre manœuvre coupable, la commission des ordinaires, après en avoir obtenu par écrit l'autorisation du colonel, peut prononcer la résiliation du marché et en passer un autre aux risques et périls de l'entrepreneur.

L'excédant de dépense pouvant résulter d'un marché ainsi passé par défaut, ou des achats qui auraient été faits dans la circonstance prévue à l'article 5 ci-dessus, reste à la charge de l'entrepreneur ; s'il y a économie, elle profite au corps seul.

Art. 7. En cas de faillite ou de mort de l'entrepreneur, et sur le refus de ses créanciers ou de ses héritiers de continuer la fourniture pour leur compte, le marché est résilié purement et simplement.

Art. 8. L'entrepreneur est payé de ses fournitures tous les cinq jours (à la fin du mois pour la dernière période) par les soins de la commission.

Les sommes dues au fournisseur pour les périodes successives constituent la garantie ordinaire du corps.

Si la manière d'opérer du fournisseur est de nature à faire naître des inquiétudes pour l'exécution de ses engagements, la commission a le droit de retenir, en outre, d'une manière absolue, jusqu'à l'expiration du marché, une somme représentant la valeur des livraisons faites pendant   jours. Cette somme est versée par la commission dans la caisse du corps (fonds divers).

Art. 9. Sont à la charge de l'entrepreneur les frais quelconques se rattachant à l'exécution du service, jusques et y compris la distribution aux ordinaires (5).

---

(5) Si le mode de gestion par la commission des ordinaires est mis en vigueur, ces articles sont modifiés selon les exigences.

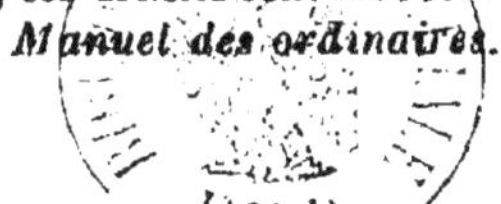

Sont également à sa charge les frais de toute nature qu'entraîne la passation du marché.

Enfin, lorsque les dégradations ou les pertes proviennent de son fait, le fournisseur supporte les frais de remplacement et de réparation des ustensiles et des objets mobiliers qui ont été mis à sa disposition pour le service.

Art. 10. L'entrepreneur est soumis à toutes les dispositions du règlement sur les ordinaires qui peuvent le concerner, particulièrement en ce qui regarde le mode de constatation des quantités commandées et des quantités distribuées, ainsi que le mode de paiement des fournitures effectuées.

Art. 11. Le marché est résilié de plein droit si le corps reçoit une autre destination.

Toutefois, le nouveau corps a le droit d'exiger à son profit l'exécution du marché pendant un mois, aux deux conditions suivantes, savoir :

1° Que la première colonne arrivera dans un délai de trente jours compté de la date du départ de la dernière colonne du régiment qui quitte la garnison ;

2° Que, dans les huit jours de l'arrivée de sa première colonne, le nouveau corps aura fait connaître au fournisseur l'intention d'user de la faculté qui lui est ouverte par le présent article.

Art. 12. *NOTA. — Dans cet article on comprend les dispositions spéciales que les circonstances ou les localités peuvent exiger.*

MARCHÉ

soussigné , demeurant à , rue , n° , où fais élection de domicile pour l'exécution du présent marché, engage envers la Commission des ordinaires d (1) à effectuer le service déterminé par le cahier des charges qui précède, dans la place d , et depuis le jusqu'au

Les fournitures faites seront payées au prix de par kilogramme de viande distribuée (5).

soumet à toutes les clauses du cahier des charges susmentionné, ainsi qu'aux dispositions du règlement sur les ordinaires qui peuvent concerner; clauses et dispositions dont déclar avoir pris pleine et entière connaissance.

Fait double à , le 186 .

L'Entrepreneur,

Les Membres de la Commission des ordinaires.

APPROUVÉ :

Le colonel,

NOTA. La formule de cahier des charges et celle de marché pour la fourniture de la viande fraîche servent, dans leurs dispositions principales, pour la

(1) Indiquer le corps.
(5) Voir le renvoi 5 à la suite de l'article 3.

fourniture du pain de soupe, s'il y a lieu, et des autres denrées ; on modifie seulement la rédaction de la manière que comporte la différence des denrées.

Pour le pain, l'article 2 du cahier des charges est remplacé par la rédaction ci-après :

« Le pain doit réunir les conditions suivantes :

« Provenir de farine de pur froment ;

« Etre de qualité au moins égale à celle de la sorte de pain dont le cours de « taxe est désigné au marché pour servir de base au paiement des fourni- « tures ;

« Etre de la forme et du poids propres à cette même espèce de pain ;

« Avoir au moins 24 heures de cuisson au moment de la livraison. »

En prévision du cas où le prix résultant des stipulations du marché deviendrait moins favorable au corps que le taux de remboursement du pain de soupe fixé par le tarif ministériel, on insère à l'article 12 la disposition suivante :

« La commission reste libre, quand elle le juge à propos, de s'approvi- « sionner de préférence à la manutention militaire de la place, ou chez « l'entrepreneur de la fourniture du pain de troupe si cette fourniture est « faite par entreprise dans l'arrondissement. »

Enfin le 2e paragraphe de la formule de marché est libellé comme il suit :

« Les fournitures faites   seront payées au prix de la taxe du « pain d (indiquer la qualité en spécifiant, s'il y a lieu, la dénomination et la « forme propres à l'espèce de pain choisie) dans la place, sous déduction, par « kilogramme de pain, d'un rabais exprimé en centimes et millièmes de franc. »

INSTRUCTION

Sur l'organisation des locaux et du matériel nécessaires aux corps de troupe pour l'application du règlement du 14 décembre 1861, sur la gestion des ordinaires. (1)

TITRE PREMIER.

NOMBRE ET NATURE DES LOCAUX AFFECTÉS AUX ORDINAIRES.

ART. 1er. — Il est mis, dans les quartiers et casernes, à la disposition des Ordinaires de chaque corps ou portion de corps, trois locaux distincts, savoir :

1° Une boucherie,
2° Un magasin de vivres et de distribution,
3° Une cave.

La boucherie est destinée à la réception, au dépéçage et à la distribution de la viande, ainsi qu'à la conservation, sur place, de celle qui ne doit pas être employée immédiatement à la préparation de la soupe.

Le magasin de vivres et de distribution reçoit les approvisionnements de pain de soupe, de légumes, d'épices, et autres objets de consommation destinés aux ordinaires : il est affecté en même temps à la distribution journalière de ces denrées.

La cave est destinée à recevoir la réserve de légumes frais, les liquides, et en général toutes les denrées qui, par leur encombrement, ne pourraient pas trouver place dans le magasin, ou que, en raison de leur nature, il importe de mettre à l'abri de la gelée et des grandes chaleurs.

A défaut de cave, on y supplée par un local offrant les mêmes garanties de conservation.

TITRE II.

DIMENSIONS ET APPROPRIATION DES LOCAUX.

Boucherie.

ART. 2. — La boucherie a 3 mètres de hauteur, au minimum : on lui donne en superficie : 25 mètres carrés pour un régiment,

---

(1) Cette organisation, obligatoire pour les casernes de construction nouvelle, ne reçoit son application partout ailleurs que dans la limite du possible.

15 mètres au minimum pour un bataillon détaché et formant corps, et pour toute fraction plus faible.

Le local est situé au rez-de-chaussée. Le sol en est dallé, ou bitumé ou cimenté. Il est d'un lavage facile : on utilise, autant que possible, pour cet objet, le voisinage de l'eau pour l'amener, par un conduit, dans l'intérieur du local.

L'écoulement des eaux de lavage est assuré au dehors par une pente convenable et par l'imperméabilité du sol.

La pièce est claire et suffisamment aérée; elle a deux fenêtres pratiquées, si faire se peut, sur deux faces opposées. Les fenêtres sont barreaudées et garnies de châssis mobiles munis de toiles métalliques.

On évite d'installer la boucherie dans un local exposé au midi; quand cette condition ne peut être obtenue, le mur qui se trouve à cette exposition reste, autant que possible, sans ouverture, et, s'il y en a une, elle est garnie d'une persienne ou d'une jalousie.

Magasin de vivres et de distribution.

Art. 3. — Le magasin de vivres a en superficie : 30 à 35 mètres carrés pour un régiment ; 18 à 20 pour un bataillon détaché ou formant corps, et 15 au minimum pour une fraction plus faible.

Il est au rez-de chaussée, comme la boucherie, et à la même exposition que celle-ci quand les localités le permettent. Le local est sain, bien aéré, bien éclairé, et planchéié ou dallé plutôt que bitumé.

Les fenêtres en sont barreaudées : celles qui sont exposées au midi sont pourvues de persiennes ou de jalousies.

L'accès du magasin devant être interdit aux corvées, l'entrée en est munie d'un tambour à claire-voie garni de guichets pour la distribution des denrées.

Cave.

Art. 4. — La superficie de la cave est de 25 à 30 mètres carrés pour un régiment, et de 15 à 18 pour une fraction moindre.

La cave est d'un accès facile et, autant que possible, à proximité du magasin; elle doit être dans les meilleures conditions de salubrité et de préservation contre l'excès d'humidité; elle est partagée en deux compartiments, par une cloison en planche; ses soupiraux sont mis à l'abri des animaux domestiques.

TITRE III.

AMEUBLEMENT DES LOCAUX. — RÉPARTITION ET IMPUTATION DES DÉPENSES Y AFFÉRENTES.

Mobilier de la boucherie.

Art. 5. — La boucherie est pourvue du mobilier indiqué ci-après :

1° — Objets fournis, entretenus et remplacés par le service du génie :

un étal de boucher ;
des tables de chambrée pour dépécer et débiter la viande, à raison de deux pour un régiment, et d'une pour un bataillon, deux escadrons ou deux batteries ;
des tringles en fer, scellées dans le mur, portant des crochets doubles et fixes, espacés entre eux de 0^m 40, et destinés à suspendre les pièces distribuées, mais qui ne doivent pas être emportées immédiatement pour la préparation de la soupe. Ces tringles sont distantes du mur de 0^m 40 ; le développement total en est calculé de telle sorte qu'il y ait un crochet double par compagnie, escadron ou batterie : afin d'éviter toute confusion dans l'enlèvement des parts affectées aux divers ordinaires, des numéros de série sont tracés d'une manière apparente au-dessus de chaque crochet de suspension ;
un crochet fixé au plafond pour suspendre la balance affectée au pesage de la viande ;
une planche pour déposer les gros poids de la balance ;
un liteau à gaînes verticales pour suspendre les ustensiles de boucherie ;
une table à tiroir et à serrure, pouvant servir de bureau au sous-officier chargé des distributions ;
un banc ;
deux seaux pour les lavages.

2° — Objets fournis, entretenus et renouvelés par le corps sur la deuxième portion de la masse générale d'entretien :

une balance à fléau à bras égaux, avec série de poids, de la portée de 100 kilog. ;
une lampe-applique.

Lorsque les corps se trouvent dans la nécessité d'acheter des bestiaux et de les faire abattre eux-mêmes, la boucherie reçoit, en outre, l'outillage ci-après :

des couteaux à saigner, à raison de deux pour un régiment, et de un seulement pour une fraction moindre ;
des couteaux à dépouiller à raison de deux pour un régiment, et de un pour une fraction moindre ;
un fusil pour aiguiser les couteaux ;
une boutique de boucher ;
un couperet ;
un fendoir à deux mains ;
un feuilleret ;
une scie.

Ustensiles employés dans les opérations d'abat :

une masse en fer;
une longe à œil;
un tinet avec cordage.

3° — Objets fournis et remplacés par les ordinaires :

des paniers à raison de un par compagnie, escadron ou batterie, pour le transport de la viande de la boucherie à la cuisine ;
deux balais.

4° — Objets susceptibles d'être fournis et remplacés par les fournisseurs en vertu de leurs marchés :

l'outillage complet de boucher, nécessaire au dépeçage et au débit de la viande.

Mobilier du magasin aux vivres.

Art. 6. — Le magasin de vivres est garni du mobilier indiqué ci-après :

1°. — Objets fournis, entretenus et remplacés par le service du génie :

étagères à pain, doubles, sur cinq rangs de hauteur, d'un développement de 50 centimètres pour 100 hommes, suffisant pour la conservation de trois jours de pain de soupe par homme, et dont le rang supérieur n'est pas élevé à plus d'un mètre 80 c. au-dessus du sol ;
étagères à trois rangs pour les denrées, d'environ 0m 70 de large : le compartiment inférieur, de 0m 60 de hauteur au-dessus du sol, est réservé aux légumes verts destinés à la consommation de la journée, et fermé à cet effet, sur la moitié de la hauteur, par une cloison verticale ; le deuxième, de 0m 80 de hauteur, supporte des coffres fermés, destinés à recevoir les légumes secs et les épices ; le troisième, de 0m 40 de hauteur, est affecté aux divers autres objets de consommation et de service ; chaque rang a un développement de 50 centimètres courants pour 100 hommes, et l'ensemble des coffres présente huit compartiments, correspondant à peu près aux différentes natures de denrées ;
une table de chambrée pour le pesage et le débit des denrées ;
une planche à rebords pour déposer les gros poids de la balance ;
une table à tiroir et à serrure pour le sous-officier distributeur ;

un banc ;
une potence ou crochet en fer pour suspendre la balance affectée au pesage des denrées.

2° — Objets fournis, entretenus et remplacés par les corps sur les fonds de la masse générale d'entretien :

une balance à fléau, à bras égaux, d'une portée de 30 kilog., avec série de poids ;
une burette à huile, en fer-blanc, de la contenance d'un litre ;
une lampe-applique ;
une paire de ciseaux à quinquet ;
une main à ensacher en fer-blanc.

3° — Objets fournis et remplacés par les ordinaires :

deux balais ;
une brosse en chiendent pour enlever le fleurage du pain de soupe.

Mobilier de la cave.

Art. 7. — La cave est pourvue d'une lampe-applique dont l'achat, l'entretien et le remplacement sont à la charge de la masse générale d'entretien.

TITRE IV.

USTENSILES DE CUISINE.

Art. 8. — Outre l'ameublement dont les cuisines doivent être pourvues conformément aux dispositions de l'art. 45 du règlement du 30 juin 1856 sur le service du casernement, elles reçoivent, pour chaque ordinaire, les objets mobiliers ci-après :

une écumoire ;
une passoire à bouillon ;
une cuiller à pot de la contenance de 50 centilitres ;
une grande fourchette en fer battu et étamé pour retirer la viande de la marmite ;
une fourchette de moyenne grandeur ;
un couteau ;
un baquet à légumes, en bois, cerclé en fer ;
deux gamelles en fer battu et étamé pour les divers usages de la cuisine ;
une boîte à sel et à poivre ;

Il est fourni, en outre, pour le transport de la soupe aux hommes de garde et aussi pour celui des gamelles, des cuisines dans les chambrées, un nombre de porte-gamelles en fer, à poignée en bois, calculé à raison de 20 p. 100 hommes, chaque porte-gamelle pouvant porter six gamelles.

Tous ces objets sont fournis et remplacés par les corps sur les fonds de la masse générale d'entretien, et entretenus aux frais des ordinaires.

Art. 9. — Dans les casernes qui sont pourvues d'un four à rôtir, il y a lieu d'affecter au service de ce four les ustensiles ci-après :

- un râble ;
- une pelle en fer ;
- un petit étouffoir ;
- une hache ;
- un nombre de bassins en fer battu, en rapport avec la contenance du four.

Ces derniers ustensiles sont fournis, entretenus et remplacés par la masse générale d'entretien.

Pour fendre le bois on utilise le billot de cuisine fourni par le génie (art. 45 du règlement du 30 juin 1856).

Art. 10. — L'introduction des ustensiles ci-dessus déterminés dans le service des cuisines, nécessite, au mobilier fixe prévu par l'article précité, les additions suivantes :

Des planches-appliques d'un développement, par ordinaire, de 0m 80 de longueur, sur deux rangs superposés à l'étagère supérieure de la cuisine, et espacés entre eux de 0m 40. La planche supérieure est munie, à diverses hauteurs, de cinq crochets destinés à porter les ustensiles; en outre, de deux champignons en bois dur de 0m 15 de saillie, placés à mi-hauteur et aux extrémités de la planche, pour supporter les torchons.

La planche inférieure sert d'appui aux ustensiles ; elle porte de plus, à l'extrémité de droite, une rainure pour le couteau.

En sus de la portion d'étagère affectée à chaque ordinaire, on fixe au-dessous des tablettes, deux coulisses normales au mur et destinées à supporter une planchette à découper. Cette planchette est en bois dur, elle a 0m 60 de long, 0m 35 de large et 0m 04 d'épaisseur.

Tous les objets spécifiés au présent article sont fournis, remplacés et entretenus par le service du génie.

TITRE V.

USTENSILES A L'USAGE DES CHAMBRÉES.

Art. 11. — Les chambres de troupe sont pourvues de grands bidons en fer-blanc et de gamelles en fer battu et étamé, à raison d'un ustensile de chaque sorte par chambrée de 25 hommes et au-dessous, et de deux de chaque sorte pour celles d'un effectif plus élevé.

Ces objets sont fournis, entretenus et renouvelés aux frais de la masse générale d'entretien.

TITRE VI.

DISPOSITIONS DIVERSES.

Art. 12. — Tous les ustensiles et objets mobiliers énumérés aux articles précédents et dont la dépense incombe à la masse générale d'entretien ou aux ordinaires, sont conformes aux modèles-types décrits dans une nomenclature qui fait suite à la présente instruction.

Art. 13.— Chacun de ces objets est empreint d'une marque spéciale, O, indiquant son affectation au service des ordinaires, et d'une des lettres M, B, C ou C H, suivant qu'il appartient au magasin de vivres, à la boucherie, aux cuisines ou aux chambres.

Art. 14.—La durée de chaque objet est déterminée par une décision spéciale.

Art. 15.—La dépense de l'éclairage des locaux affectés aux ordinaires est supportée par la masse générale d'entretien ou par celle de harnachement et ferrage.

Art. 16.—Les fournisseurs supportent les frais de remplacement et de réparation des objets mobiliers mis à leur disposition pour le service, lorsqu'il est reconnu, par la commission des ordinaires, que les dégradations ou les pertes proviennent de leur fait.

Art. 17. — Lors des changements de garnison, les corps ou portions de corps font la remise au service du génie, d'après un inventaire dressé et certifié par le corps détenteur et visé par le sous-intendant militaire, de tous les objets ou ustensiles dont la fourniture est à la charge des masses générales d'entretien. Ceux dont l'achat incombe aux ordinaires sont emportés par les corps.

TABLEAU

Indiquant les objets mobiliers dont la fourniture et l'entretien sont à la charge du service du génie.

MOBILIER DE LA BOUCHERIE.

OBJETS.	OBSERVATIONS.
1 étal de boucher.	
Tables de chambrée pour dépécer et débiter la viande.	2 pour un régiment, 1 pour un bataillon, deux escadrons ou deux batteries.
Tringles en fer, portant crochets doubles et fixes pour suspension de la viande.	Crochets doubles, espacés de 0m40 ; tringles scellées, distantes de 0m40 du mur ; 1 crochet double par compagnie, escadron ou batterie. Au-dessus de chaque crochet est tracé un numéro de série.
1 crochet de suspension scellé au plafond.	Pour suspension de la grande balance à peser la viande.
1 planche à rebords.	Pour déposer les gros poids de la balance.
1 liteau à gaines verticales scellé.	Pour suspendre les ustensiles de boucherie.
1 table à tiroir avec serrure.	Pour le bureau du sous-officier chargé de la distribution.
1 banc de caserne.	
2 seaux pour les lavages.	

MOBILIER DU MAGASIN AUX VIVRES.

OBJETS.	OBSERVATIONS.
Étagères à pain, doubles sur cinq rangs de hauteur.	Longueur, 0m50 par 100 hommes ; le rang supérieur à 1m80 au-dessus du sol.
Étagères à trois rangs, pour les denrées. (Voir le texte de l'Instruction.)	Largeur, 0m70. Compartiment inférieur à 0m60 au-dessus du sol ; fermé sur la moitié de sa hauteur par une cloison verticale ; Le deuxième compartiment aura 0m80 de hauteur et supportera des coffres fermés pour légumes secs et épices. Le troisième compartiment aura 0m40 de hauteur. (0m50 de développement d'étagère triple, pour 100 hommes.)
1 table de chambrée.	Pour le pesage et le débit.
1 planche à rebords.	Pour déposer les gros poids de la balance.
1 table à tiroir, avec serrure.	Pour le sous-officier distributeur.
1 banc de caserne.	
1 potence ou crochet en fer.	Pour suspendre la balance.

USTENSILES DE CUISINE

EN SUS DE CEUX QUI SONT PRÉVUS PAR L'ART. 45 DU RÈGLEMENT DU 0 JUIN 1856 (1).

OBJETS.	OBSERVATIONS.
Planches-appliques sur deux rangs au-dessus de l'étagère supérieure.	Développement de 0m80 par ordinaire. Espacement des deux rangs, 0m40. Cinq crochets à diverses hauteurs de la planche supérieure, laquelle est munie également de deux champignons en bois dur; ceux-ci, de 0m15 de saillie, sont placés à mi-hauteur et aux deux extrémités pour supporter les torchons. La planche inférieure est garnie, à l'extrémité de droite, d'une rainure pour le couteau.
Deux coulisses, supportant une planchette à découper, de 0m60 de longueur, de 0m35 de largeur et 0m04 d'épaisseur.	Par ordinaire, et fixées au-dessous de la portion d'étagère destinée à chaque ordinaire.

(1) Article 45. — Mobilier des cuisines. — Les cuisines reçoivent l'ameublement suivant, qui est fourni, entretenu et remplacé par le service du génie :

Marmites, à raison d'une par compagnie ou par demi-escadron.

Tables de 0m90 de largeur sur 0m75 de hauteur, à raison de 2m40 de développement par compagnie et de 3m50 par escadron.

Tablettes de 0m30 de largeur, entièrement semblables aux planches à bagages, placées en nombre suffisant, à 0m50 au-dessus des tables.

Chevalet pour scier le bois.

Il est placé, par le service du génie, en dehors et à portée de chaque cuisine, un billot en bois qui est enfoncé en terre de manière à y rester à demeure. Il est défendu de fendre le bois ailleurs que sur ce billot.

NOMENCLATURE ET DESCRIPTION

Des objets mobiliers dont sont pourvus les locaux affectés aux ordinaires, les cuisines et les chambres de la troupe, et dont l'achat et le remplacement incombent à la masse générale d'entretien du corps.

DÉSIGNATION des OBJETS.	PRIX d'achat sur la place de Paris.	DESCRIPTION, EMPLOI ET RENSEIGNEMENTS DIVERS.
BOUCHERIE. — BALANCE pour le pesage de la viande avec série de poids.	fr. c. 90 00	Balance à fléau, à bras égaux. Force de 100 kilogr. Fléau, chaînes et plateaux en fer, les plateaux de 0m55, le fléau long de 1m00 à 1m10. La série de poids se compose comme il suit : 4 poids en fonte de 20 kilog. 1 — — 10 1 — — 5 1 — — 2 2 — — 1 1 — — 0.500 1 — — 0.200 2 — — 0.100 2 — — 0.050 NOTA. La fourniture de la balance comprend une boîte en bois, avec couvercle et encastrements intérieurs pour recevoir la série des menus poids.
LAMPE-APPLIQUE.	6 00	Du modèle dit quinquet.
COUTEAU A SAIGNER.	1 50	Le couteau est employé pour opérer la saignée sur les animaux abattus et pour couper la viande dans la préparation des distributions. Lame en acier fondu, longue de 0m33 à 0m34, manche en bois de 0m12, rivé sur le prolongement de la lame. NOTA. La description du couteau à saigner et des autres instruments de boucherie, est donnée seulement pour le cas où l'éventualité prévue au 2e alinéa du § 2e de l'article 5 de l'instruction sur les locaux et le matériel des ordinaires viendrait à se réaliser.
COUTEAU à dépouiller.	1 25	Le couteau est employé particulièrement pour détacher les cuirs des animaux; il sert aussi à découper la viande dans la préparation des distributions. Lame en acier fondu, longue de 0m14 0m15, sur 0m03 de large; manche en bois, long de 0m12, rivé sur le prolongement de la lame.

DÉSIGNATION des OBJETS.	PRIX d'achat sur la place de Paris.	DESCRIPTION, EMPLOI ET RENSEIGNEMENTS DIVERS.
FUSIL.	fr. c. 7 00	Le fusil sert à aiguiser les couteaux et les couperets. Tige en acier trempé, rayée de stries très-fines. Longueur 0m23, diamètre moyen 0m015. Manche en corne, long de 0m11, pourvu à son extrémité d'un œil en fer, dans lequel on passe la courroie qui sert à attacher l'ustensile à la ceinture de l'ouvrier. Les fusils peuvent être réaciérés et retaillés.
BOUTIQUE de boucher, avec courroie.	3 00	La boutique est destinée à recevoir les couteaux dont se servent les bouchers dans les opérations de l'abat et du dépècement. Boîte en bois de hêtre, à cinq compartiments, avec bande de cuir à la partie supérieure pour la consolider, ladite bande portant un anneau dans lequel est passée la courroie. Cette courroie, longue de 1m00, large de 0m03, est pourvue à son extrémité d'une boucle à ardillon.
COUPERET.	12 00	Le couperet sert à préparer et à dépécer les animaux abattus. Plaque de fer de forme connue, aciérée sur le tranchant à une profondeur de 0m02 à 0m03 ; longueur du tranchant 0m21, épaisseur moyenne de la lame 0m007. Poignée en fer faisant corps avec le couperet proprement dit, longueur 0m10, largeur 0m03 à 0m04, épaisseur 0m02 à 0m03.
FENDOIR à deux mains.	15 00	Couperet un peu plus fort que le précédent, avec poignée de 0m35, c'est-à-dire assez longue pour que l'instrument puisse être manœuvré avec les deux mains. Il sert au dépècement des quartiers de viande traversés par de gros os.
FEUILLERET.	4 20	Le feuilleret est employé dans le dépècement de détail. Lame en acier fondu, épaisseur moyenne 0m002, hauteur 0m23, longueur 0m25 à 0m26. La lame est arrondie au bout et à angle droit du côté du manche. Manche en bois, solidement fixé à la lame, longueur 0m13, diamètre 0m035.
SCIE.	9 00	La scie est employée dans le dépècement pour scier les gros os. Lame de scie, à monture en fer, poignée en bois, longueur de la lame 0m49, largeur 0m05.

DÉSIGNATION des OBJETS.	PRIX d'achat sur la place de Paris.	DESCRIPTION, EMPLOI ET RENSEIGNEMENTS DIVERS.
MASSE EN FER.	fr. c. 3 00	La masse est employée pour assommer les animaux par un coup vigoureux, asséné sur le front, entre les cornes. Masse en fer de 0m04 en carré, les extrémités un peu arrondies. Au centre de la masse, un manche en bois de 0m75.
LONGE A OEIL.	2 60	Corde longue de 4m00, servant à prendre par les cornes la bête et à l'attacher à l'anneau d'abattage fixé au sol. Elle est à œil pour former nœud coulant. En chanvre filé à 4 fils, d'un diamètre de 0m018.
TINET.	8 50	Barre en bois de frêne, destinée à suspendre les bœufs pour les dépouiller et les partager en deux. Cette barre est passée dans les jarrets de l'animal; on l'accroche à la corde de la poulie et le tout est enlevé à la hauteur de poutres disposées pour recevoir le tinet. Longueur 3m00 environ, diamètre 0m10 à 0m12. A 0m30 de chacun des bouts de la barre sont percés, de 0m10 en 0m10, cinq trous pour y placer des chevilles servant à maintenir les jambes du bœuf dans un certain écartement.
MAGASIN DE VIVRES. — BALANCE à légumes secs et épices.	62 00	Balance spéciale pour le pesage, par ordinaire, des légumes et des épices. On la suspend sur potence, ou au moyen d'un crochet, à proximité des étagères et à hauteur des bras du distributeur, au-dessus d'une table sur laquelle sont posés les poids. Force de 30 kilog., fléau à bras égaux et à boîte, avec série de poids. Longueur 0m60, largeur moyenne 0m28, épaisseur 0m005. Trois chaînes par plateau, deux plateaux en fer étamé, dont un a bec, de 0m45 de diamètre sur 0m32 de hauteur.

COMPOSITION DE LA SÉRIE DES POIDS.

POIDS EN FONTE.			POIDS EN CUIVRE.		
1	poids de	10k000	3	poids de	0 020
2	—	5.000	3	—	0.010
3	—	2.000	2	—	0.005
2	—	1.000			
2	—	0.500			
3	—	0.200			
2	—	0.100			
2	—	0.050			

NOTA. La fourniture de la balance comprend une boîte en bois, avec couvercle et encastrements intérieurs pour recevoir la série des menus poids.

DÉSIGNATION des OBJETS.	PRIX d'achat sur la place de Paris.	DESCRIPTION, EMPLOI ET RENSEIGNEMENTS DIVERS.
	fr. c.	
LAMPE-APPLIQUE.	6 00	Du modèle dit quinquet.
MAIN à ensacher.	2 50	La main sert à puiser et à remettre les denrées dans le sac ou sur la balance. Elle est en fer-blanc très-fort et brillant. Corps de la main formé d'une feuille contournée et cintrée, le bord roulé autour d'un fil de de fer, pour assurer la rigidité du métal, fond et poignée également en fer-blanc; la poignée assujettie au fond au moyen d'un double renfort, maintenue par trois nervures ou goussets. Dans cet ustensile la poignée et le fond sont les pièces qui se détériorent le plus souvent; il est essentiel qu'elles soient parfaitement soudées.
BURETTE A HUILE.	2 00	En fer-blanc, de la contenance d'un litre.
PAIRE de CISEAUX à quinquet.	0 50	Modèle du commerce.
CAVE. — LAMPE-APPLIQUE.	6 00	Semblable à celle de la boucherie.
CUISINES. — ÉCUMOIRE.	3 50	En fer battu et étamé. Le manche est en fer forgé long de 0m65 fixé sur l'écumoire au moyen de 3 rivets; l'écumoire a 0m49 de diamètre et les trous dont elle est percée ont 0m003 de diamètre.
PASSOIRE à bouillon.	4 00	De forme tronc-conique, en fer battu et étamé. Diamètre supérieur, 0m18; diamètre inférieur, 0m12. Percée d'ouvertures de 0,004 de diamètre. Manche en fer forgé plat et rivé sur la passoire, ayant 0m20 de longueur.
CUILLER A POT.	4 00	De la contenance d'un demi-litre. Entièrement en fer forgé et étamé. Le manche a 0m65 de longueur.

DÉSIGNATION des OBJETS.	PRIX d'achat sur la place de Paris.	DESCRIPTION, EMPLOI ET RENSEIGNEMENTS DIVERS.
GRANDE FOURCHETTE.	fr. c. 5 00	A deux dents. Sert à retirer la viande de la marmite En fer forgé et étamé. Longueur 0m70.
FOURCHETTE de moyenne grandeur.	2 00	En fer forgé et étamé ; 0m40 de longueur.
COUTEAU à découper.	1 25	Modèle du couteau à dépouiller du boucher.
BAQUET à légumes.	6 50	A deux poignées : douves et fond en chêne ; trois cercles en fer ; hauteur 0m30, diamètre 0m50.
GAMELLE.	3 00	Modèle du campement.
BOÎTE A SEL et à poivre.	2 50	En bois de sapin ; partagée, par une cloison centrale percée d'une poignée, en deux compartiments, munis d'un couvercle à tourillon ; un des compartiments est de la contenance de 2 kilog. de sel ; l'autre, divisé en deux parties, sert à renfermer le poivre d'un côté et les épices de l'autre.
PORTE-GAMELLE.	0 60	En tôle, à poignée en bois, pouvant porter 6 gamelles.
RABLE.	5 00	Est employé pour le four à rôtir.
PELLE EN FER.		Modèle à déterminer.
ÉTOUFFOIR.		Modèle à déterminer
BASSIN en fer battu.	2 85	Plat, en fer battu et étamé, pour le rôti.
CHAMBRÉES. — GRANDS-BIDONS.	5 00	Modèle du campement, modifié et renforcé avec couvercle à charnière.
GAMELLE.	4 00	Modèle du campement, augmenté du tiers en dimensions.

Tableau récapitulant le matériel fourni aux ordinaires sur les fonds de la masse générale d'entretien.

1° MOBILIER DES LOCAUX AFFECTÉS AUX ORDINAIRES.

DÉSIGNATION DES OBJETS.			PRIX de chaque objet.	Pour un régiment d'infanterie avec ou sans son dépôt, 25 ou 18 compagnies.			Pour un dépôt 7 compagnies, y compris la compagnie hors rang.			OBSERVATIONS.
				Nombre d'objets.	Valeur	Totaux.	Nombre d'objets.	Valeur.	Totaux.	
		Boucherie.								
Mobilier permanent.		Balance	90f 00	1	90f 00	96f 00	1	90f 00	96f 00	
		Lampe-applique	6 00	1	6 00		1	6 00		
Mobilier éventuel.	Outillage de boucher.	Couteau à saigner	»	»	»		»	»		
		Couteau à dépouiller	»	»	»		»	»		
		Fusil	»	»	»		»	»		
		Boutique de boucher avec courroie	»	»	»		»	»		
		Couperet	»	»	»		»	»		
		Fendoir à deux mains	»	»	»		»	»		
		Feuilleret	»	»	»		»	»		
		Scie	»	»	»		»	»		
	Matériel d'abat.	Masse en fer	»	»	»		»	»		
		Longe à œil	»	»	»		»	»		
		Tinet	»	»	»		»	»		
		Magasin de vivres.								
Mobilier permanent.		Balance	62 00	1	62 00	73 00	1	62 00	73 00	
		Lampe-applique	6 00	1	6 00		1	6 00		
		Main à ensacher	2 50	1	2 50		1	2 50		
		Burette à huile	2 00	1	2 00		1	2 00		
		Ciseaux à quinquet	0 50	1	0 50		1	0 50		
		Cave.								
Lampe-applique			6 00	1	6 00	6 00	1	6 00	6 00	
		Totaux	»			175 00			175 00	

2° OBJETS FOURNIS A CHAQUE COMPAGNIE, ESCADRON, BATTERIE.

DÉSIGNATION DES OBJETS.		PRIX de chaque objet	NOMBRE.	VALEUR.	TOTAUX.	OBSERVATIONS
	CUISINES.	fr. c.		fr. c.		
Mobilier permanent.	Écumoire	3 50	1	3 50	46 75	
	Passoire	4 00	1	4 00		
	Cuiller à pot	4 00	1	4 00		
	Grande fourchette	5 00	1	5 00		
	Fourchette moyenne	2 00	1	2 00		
	Couteau à découper	1 25	1	1 25		
	Baquet à légumes	6 50	1	6 50		
	Gamelle	3 00	1	3 00		
	Boîte à sel et à poivre	2 50	1	2 50		
	Porte-gamelles	0 60	20 par 100 hommes	12 00		
Mobilier éventuel.	Rable	»	»	»	»	
	Pelle en fer	»	»	»		
	Etouffoir	»	»	»		
	Bassin	»	»	»		
	Hache (1)	»	»	»		(1) On se sert de celle de la cuisine.
	CHAMBRES.					
Mobilier permanent.	Grands bidons	5 00	3	15 00	27 00	
	Gamelles	4 00	3	12 00		
				TOTAL	73 75	

3° RECAPITULATION.

DÉSIGNATION DES LOCAUX.	VALEUR DU MATÉRIEL NÉCESSAIRE A						OBSERVATIONS.
	UN RÉGIMENT ENTIER avec son dépôt (25 compagnies).		UN RÉGIMENT de trois bataillons séparé de son dépôt (18 compagnies).		UN DÉPÔT (7 compagnies, y compris la compagnie hors rang).		
	Mobilier permanent.	Mobilier éventuel.	Mobilier permanent.	Mobilier éventuel.	Mobilier permanent.	Mobilier éventuel.	
Boucherie	96 00	»	96 00	»	96 00	»	A ce mobilier il convient d'ajouter, dans les places où l'on consomme du charbon, des caisses pour le transport de ce combustible aux cuisines et aux chambres. Ces caisses sont en sapin, à base carrée, d'une hauteur d'un tiers moindre que la largeur de la base. Les côtés en sont assemblés à queue d'aronde, et munis de poignées tombantes en fer et rivées sur la caisse. Les angles sont consolidés par des cornières en tôle. Le fond repose sur deux barres en bois dur. Contenance de chaque caisse : 50 kilogr. de charbon. Prix approximatif : 7 fr. 60, imputable à la masse générale d'entretien. Le nombre en est calculé à raison de 4 par régiment entier, et d'une par bataillon, 2 batteries ou 2 escadrons.
Magasin	73 00	»	73 00	»	73 00	»	
Cave	6 00	»	6 00	»	6 00	»	
Cuisines	1168 75	»	888 25	»	327 25	»	
Chambres	675 00	»	513 00	»	189 00	»	
TOTAUX	2018 75	»	1576 25	»	691 25	»	

FRAIS A LA CHARGE DES ORDINAIRES.

ENTRETIEN.	FOURNITURE, ENTRETIEN ET REMPLACEMENT DES OBJETS CI-APRÈS :
Entretien de tous les ustensiles de cuisine énumérés au tableau *secundo* ci-dessus.	Paniers pour le transport de la viande de la boucherie à la cuisine, à raison d'un par compagnie, escadron, batterie ; Balais pour la boucherie ; Brosse dure, en chiendent, pour enlever le fleurage du pain de soupe ; Balais pour le magasin de vivres.

INSTRUCTION

Concernant l'organisation des locaux et du matériel des blanchisseries régimentaires (1).

TITRE Ier.

LOCAUX.

ART. 1er. — Les blanchisseries organisées dans les régiments comprennent :

1° une buanderie, destinée au coulage de la lessive;

2° des dépendances, se composant :

d'un lavoir,

d'un séchoir à air libre,

d'un local servant d'abri au linge humide en cas de mauvais temps,

d'un petit magasin pour le dépôt des ingrédients et du combustible.

ART. 2. — La pièce destinée au coulage de la lessive est utilisée pour la réception du linge sale et pour le savonnage pendant la mauvaise saison.

Elle est située, autant que possible, dans un bâtiment isolé, à simple rez-de-chaussée. Sa surface est de 45 mètres carrés pour un régiment entier, et de 30m pour un bataillon ou pour un effectif équivalent.

Elle est pavée, ou mieux dallée : on y ménage l'écoulement des eaux à l'extérieur, et des moyens d'aération convenables pour l'échappement de la vapeur.

L'eau y est amenée par le moyen d'un conduit susceptible d'alimenter la chaudière, les cuviers, et, lorsqu'il y a lieu, les baquets affectés au savonnage.

ART. 3. — Le linge de la troupe est lavé dans une eau pure, propre au savonnage et au rinçage. Dans l'exécution du lavage, on profite des facilités locales que peuvent offrir la proximité d'un cours d'eau (*bras de rivière ou canal*) et l'accès favorable de ses berges (2).

---

(1) On ne recourt à cette organisation que dans les seules places où il n'est pas possible de faire effectuer le blanchissage du linge de la troupe dans des établissements spéciaux et avec plus d'économie. Avant tout, on demande l'autorisation et les instructions du Ministre.

(2) Pendant la mauvaise saison le savonnage est fait dans le local de la buanderie.

Lorsqu'on fait emploi d'un lavoir, il est fixe ou mobile, suivant le régime des eaux, et son installation varie suivant les usages des localités. Son occupation par la troupe est périodique ou permanente; dans tous les cas, on l'approprie de façon à assurer l'isolement des laveurs militaires.

Son développement est estimé à raison d'une place de laveur par 100 hommes.

Art. 4. — Le séchoir à air libre est établi sur un terrain sec, pavé ou pierreux, et exposé le plus possible à l'action des vents dominants.

Les perches de suspension ont une hauteur de 2 mètres au-dessus du sol; les rangs en sont espacés d'un mètre au minimum.

Le développement des cordes de suspension détermine la surface nécessaire à l'étendage, à raison de 60 mètres par 100 hommes.

Art. 5. — Le local destiné à abriter le linge humide en cas de mauvais temps, supplée en partie le séchoir extérieur. On le choisit à proximité et au rez-de-chaussée ; il est d'un accès facile aux corvées, et assez éclairé pour permettre le raccommodage du linge ; on y ménage des moyens d'aération convenables pour le séchage. Ce local, dont la superficie est calculée à raison de 6 mètres carrés par 100 hommes, autant que les localités le permettent, sert aussi pour la distribution du linge propre.

Les greniers existant dans les casernes sont utilisés pour le séchage du linge dans la mauvaise saison.

Art. 6. — Le magasin destiné à serrer les ingrédients et à contenir le combustible est à proximité de la buanderie. Il doit être parfaitement sec : sa surface est calculée à raison de 10 mètres carrés environ pour un régiment.

La partie du magasin réservée aux ingrédients (*savon*, *sel de soude*, etc.) est séparée par un cloisonnage à claire-voie fermé à clef.

TITRE II.

AMEUBLEMENT.

Buanderie.

Art. 7. — La buanderie est pourvue du mobilier indiqué ci-après :

- un fourneau à double marmite de 100 litres chacune ;
- des cuviers d'une contenance de 700 litres chaque, à raison de quatre pour un régiment entier, et de deux pour un bataillon ou un effectif d'environ 400 hommes. Ils sont montés sur des trépieds et munis d'un grillage en bois reposant sur le fond ;

des baquets d'une contenance d'environ 50 litres chaque, en nombre égal aux cuviers;
des tablettes semblables à celles qui sont en usage pour les cuisines et fixées au mur sur tout le pourtour disponible de la pièce;
un chevalet pour scier le bois;
un billot pour fendre le bois, placé à l'extérieur.
deux seaux;
des cuillers à manche en bois, à raison d'une pour deux cuviers;
une balance, dite romaine-oscillante de la portée de 100 kilog.;
un aréomètre de Beaumé;
une scie:
une hache;
une lampe-applique;
un thermomètre centigrade.

Lavoir.

Art. 8. — Le lavoir est pourvu du mobilier et des ustensiles ci-après :

tonneaux, boîtes à laver, ou autres appareils fixes ou flottants, suivant les localités, à raison d'un par laveur;
pierres, planches ou bancs à laver, disposés pour le battage du linge;
bancs, chevalets, ou barres fixes, placés à portée des laveurs et en nombre suffisant pour recevoir le linge lavé;
voiture à bras avec bricole pour le transport du linge, s'il est nécessaire.
battoirs en bois léger à raison de un par laveur.

Séchoir à air libre et local-abri.

Art. 9.—Le lavoir est pourvu des objets ci-après indiqués :
perches en nombre suffisant;
crochets pour la suspension des cordes dans le local-abri;
casiers-étagères, pour recevoir le linge blanchi, d'un développement calculé en proportion du nombre des compagnies, escadrons ou batteries;
tables de chambrée pour le pliage du linge à raison de deux par régiment et d'une par bataillon;
une table-bureau avec tiroir et serrure;
un banc;
cordes de suspension pour le séchoir, d'un développement de 60 mètres pour 100 hommes.
cordes de suspension à raison de 30 mètres pour 100 hommes dans le local-abri;
épingles en bois dans la proportion de 60 par 100 hommes;
sacs à épingles à raison de 3 pour un régiment et de deux pour un bataillon.

Magasin.

Art. 10. — La partie du magasin affectée aux ingrédients est garnie de planchettes destinées à recevoir le savon et les ingrédients de la lessive.

TITRE III.

DISPOSITIONS DIVERSES.

Art. 11.— Tous les objets ou ustensiles énumérés aux articles précédents, sont conformes aux modèles-types adoptés.

Art. 12.—Chacun de ces objets est empreint de la marque BL indiquant qu'il est affecté au service de la blanchisserie.

Art. 13.—Lors des changements de garnison, les corps ou portions de corps font la remise au service du génie, d'après un inventaire dressé et certifié par le corps détenteur, et visé par le sous-intendant militaire, de tous les objets et ustensiles dont la reprise doit être faite par le corps arrivant.

TABLEAU du Matériel des blanchisseries régimentaires qui doit, en tout état de choses, rester à la charge des ordinaires.

DÉSIGNATION DES OBJETS.	PRIX DE CHAQUE OBJET.	POUR UN RÉGIMENT ENTIER.			POUR UN BATAILLON d'environ 400 hommes.		
		Nombre d'objets ou quantités.	Valeur.	Totaux.	Nombre d'objets ou quantités.	Valeur.	Totaux.
BUANDERIE	fr. c.		fr. c.	fr. c.		fr. c.	fr. c.
Cuiller-poche	5 00	2	10 00	39 50	1	5 00	34 50
Romaine oscillante. . . .	22 00	1	22 00		1	22 00	
Aréomètre.	1 50	1	1 50		1	1 50	
Scie.	»	»	»		»	»	
Hache	»	»	»		»	»	
Lampe-applique.	6 00	1	6 00		1	6 00	
LAVOIR.							
Battoirs.	0 40	10	4 00	4 00	4	1 60	1 60
SÉCHOIR et LOCAL-ABRI.							
Cordes (à raison de 20m par kilog. . . . le kil.	3 70	70k	259 00	272 50	18k	66 60	72 35
Épingles. . . . . le cent.	1 50	700	10 50		250	3 75	
Sacs à épingles.	1 00	3	3 00		2	2 00	
TOTAUX.	. . . .	. . . .	. . . .	316 00			108 45

NOTICE

SUR LE LESSIVAGE DU LINGE PAR IMMERSION.

(ANCIEN PROCÉDÉ)

Les opérations du lessivage du linge par immersion sont au nombre de six, savoir : 1° *Triage ;* 2° *encuvage ;* 3° *trempage ;* 4° *coulage ;* 5° *lavage comprenant le savonnage et le rinçage ;* 6° *séchage.*

TRIAGE DU LINGE.

Cette opération a pour but d'assortir le linge suivant la nature de son emploi et son degré de malpropreté ; elle a lieu le matin aussitôt après la réception du linge sale que l'on divise en deux lots :

Le premier se compose du linge de corps, consistant en chemises, caleçons, calottes, mouchoirs et autres effets entrant dans le havre-sac.

Le second lot comprend le linge de pansement à l'usage de l'infirmerie, et les effets de cuisine, tels que les blouses des cuisiniers, les torchons servant à essuyer les gamelles individuelles, les sacs à distribution, etc.

On range dans cette dernière classe : le linge le plus malpropre, afin de le tremper dans une lessive plus forte que celle qui est employée pour le linge de corps; de plus; les effets neufs qui, en raison de la couleur écrue de leur tissu, exigeraient la même précaution.

Autant que possible, et dans un but d'économie et de simplification, on ne coule qu'une lessive par semaine pour le premier lot qui comprend la totalité des effets à laver. Quant aux effets de cuisine et d'infirmerie, ils sont pareillement lessivés en bloc chaque semaine, mais dans un cuvier séparé.

ENCUVAGE.

Le triage terminé, on passe à l'encuvage.

Le linge est encuvé à sec. On commence par le linge le plus fin et le moins sale, et l'on termine par celui qui est à la fois le plus gros, le plus souillé et le moins perméable aux coulées de la lessive. Les effets neufs sont placés au fond ou sur les côtés du cuvier pour qu'ils s'imprègnent mieux du liquide alcalin.

On jette le linge naturellement, sans le fouler, et on le dispose par couches successives ayant partout une égale épaisseur. Si les couches étaient plus comprimées d'un côté que de l'autre, il se formerait des cavités donnant accès à des gaz dont le contact souillerait le linge et nuirait au coulage.

On s'abstient de toute pression dans l'encuvage, alors même que le linge dépasserait, au premier moment, de quelques centimètres, la hauteur des cuviers. Mais, de toute façon, on se règle de manière que l'épaisseur totale de la couche de linge dans chaque cuvier ne dépasse pas soixante centimètres, après l'écoulement de l'eau de trempage (1).

L'encuvage est terminé lorsque l'on a satisfait à toutes les conditions sus-indiquées. On procède alors au trempage, opération qui doit précéder de dix heures celle du coulage.

Il est donc nécessaire, pour éviter toute perte de temps, que l'encuvage ait lieu le jour même de la réception du linge.

TREMPAGE.

Cette opération consiste à verser de l'eau froide et propre, en quantité suffisante, sur le linge pour l'immerger complétement.

Au moment de cette immersion, il convient de presser le linge doucement avec un bâton, pour en faciliter le tassement égal.

Il est interdit de marcher sur le linge ou de le piétiner. Sous une pression trop énergique, l'action de la lessive sur les tissus serait inégale et incomplète.

Le trempage suit immédiatement l'encuvage, et doit être terminé dans l'après-midi du même jour.

COULAGE.

Dix heures au moins après le trempage, c'est-à-dire le lendemain de grand matin, on laisse écouler au dehors l'eau de trempage, *qui ne doit jamais être utilisée à un autre usage*. Il importe d'en débarrasser pleinement les cuviers, afin d'extraire de la masse du linge les impuretés immédiatement solubles.

Préparation des lessives. Les lessives se préparent au moyen de substances alcalines dissoutes dans l'eau, et d'après une proportion variable suivant le degré de malpropreté du linge. Les lessives trop fortes agissent sur les tissus, ou ternissent le linge; trop faibles, elles ne dissolvent pas toutes les taches qui le salissent.

Emploi et proportion du sel de soude. L'usage de cet alcali est le plus généralement répandu. Il doit être d'une pureté aussi parfaite que possible, et titrer au moins 80 degrés à l'alcalimètre de Descroizilles. On l'emploie dans la proportion :

De 2 kil. pour 100 kil. de linge de corps, pesé sec;

Et de 4 à 5 kil. pour 100 kil. de linge de cuisine ou d'infirmerie, également pesé sec.

---

(1) On doit savonner les effets tachés de sang avant que de les encuver, pour éviter qu'ils ne tachent les autres effets.

Emploi des cendres. Les cendres peuvent remplacer avec économie le sel de soude lorsqu'elles sont recueillies sans mélange. Dans le cas contraire, l'usage de les mettre dans le cuvier, quelque bien enveloppées qu'elles soient, offre l'inconvénient de tacher le linge qui se trouve immédiatement au-dessous des cendres. Pour y remédier, il convient, au préalable, de placer les cendres dans un récipient quelconque et d'y verser de l'eau bouillante. Après quelques heures de macération, on laisse déposer les cendres au fond du vase ; on filtre le liquide lixiviel, et on le coule à clair sur le linge placé dans le cuvier. Mais, pour qu'il réponde à un bon service, il doit atteindre 2 degrés et demi de densité à l'aréomètre de Beaumé. S'il dépasse cette limite, on l'étend d'eau en quantité suffisante pour l'y ramener ; s'il reste au-dessous, on y ajoute du sel de soude jusqu'à ce qu'il obtienne le dégré ci-dessus.

Proportion de l'eau de coulage. Elle doit être employée à raison d'environ 90 litres d'eau propre par 100 kil. de linge sec.

Pour satisfaire à ces proportions essentielles à une bonne lessive, il faut les combiner dans la pratique avec la capacité connue des chaudières de la buanderie, en observant qu'elles ne doivent pas être tenues pleines à cause de la dilatation de l'eau pendant le chauffage.

En conséquence, il y aura nécessité :

1° D'emplir les chaudières d'eau propre autant de fois que l'importance de la lessive et le poids du linge l'exigeront pour atteindre la proportion ci-dessus de l'eau de coulage ;

2° D'y faire dissoudre le sel de soude dans la proportion également indiquée ci-dessus.

On obtiendra ainsi la dissolution lixivielle qui convient au linge de la troupe.

Mode d'opérer, — Effets du premier lot. Après avoir rempli d'eau une première fois les chaudières et y avoir mis le sel de soude dans la proportion nécessaire, on allume le foyer.

Lorsque le liquide marque de 35 à 40 degrés au thermomètre centigrade, on commence à jeter uniformément la lessive sur le linge au moyen de la cuiller à long manche. Cette première affusion ne doit avoir lieu qu'environ une heure après l'entier écoulement de l'eau de trempage. Un plus long délai entraverait l'infiltration de la lessive dans les tissus du linge qui se tasserait trop.

Les affusions subséquentes devront atteindre une température graduellement plus haute, de telle sorte que les dernières soient bouillantes.

Immédiatement après cette dernière affusion, on enlève les bondes des cuviers. On laisse écouler la lessive dans les baquets inférieurs, d'où elle est reversée dans les chaudières pour être chauffée, à nouveau, à la température de l'ébullition, et jetée sur le linge comme précédemment.

Cette opération de chauffage et de jet de la lessive se continue jusqu'à ce que l'opération soit parvenue à son terme, ce qui se reconnaît à l'onctuosité de la lessive (*caractère qui dénote une saponification complète*), et à la température du liquide sortant du cuvier, laquelle doit atteindre au moins 80 degrés centigrades en fin d'opération. L'expérience démontre que cette opération nécessite de 8 à 10 heures environ, et comporte de 16 à 18 affusions de lessive.

Effets du second lot. On procède au coulage de la lessive de ces effets comme pour le linge ordinaire. Toutefois, s'il n'y avait qu'une faible quantité de ce linge, on pourrait se contenter de le faire bouillir dans la chaudière, en utilisant de la lessive provenant d'un coulage antérieur, à laquelle on ajouterait 3 kilog. de sel de soude pour 100 kilog. de linge sec (1),

LAVAGE.

Le linge reste encuvé pendant la nuit. Le lendemain du coulage, il est porté au lavoir.

Le lavage consiste : 1° à déterger le linge de ses impuretés et de la lessive qu'il contient, par le frottage à la main et le battage au battoir ; 2° à l'immerger dans un bassin ou cuvier rempli d'eau limpide.

Lorsque le linge est bien lessivé, le savon n'est nécessaire qu'autant que quelques taches auraient résisté à l'action de la dissolution alcaline. On frotte alors ces taches avec du savon jusqu'à ce que le linge soit entièrement propre ; puis on le rince convenablement et à pleine eau. L'action du rinçage est d'autant plus efficace qu'elle est plus prolongée.

Après le rinçage, il convient de laisser égoutter le linge naturellement, et il est expressément interdit de le tordre à force de bras d'homme, ce qui le détériore gravement. On lui imprime une légère pression pour lui enlever une partie de l'eau de rinçage dont il s'est imbibé, et qui peut en être extraite sans nuire à son intégrité.

Après le lavage, on procède au séchage.

---

(1) Le matin du jour où le linge est retiré des cuviers pour être lavé, on recommence immédiatement l'encuvage de la seconde lessive si les localités ou les circonstances y obligent, et l'on procède pour cette opération comme il a été expliqué ci-dessus.

CONSIGNE

POUR LE SERVICE DES CUISINES.

CHAUFFAGE AU BOIS.

Couper dans sa longueur, en trois parties égales (2 traits de scie), le bois employé pour la cuisson des aliments, afin qu'il entre facilement dans le fourneau, et que la porte du foyer puisse se fermer sans aucun effort; fendre le bois, s'il est trop gros, pour le ramener à une dimension plus convenable.

Conduire le feu ainsi qu'il est indiqué dans la notice sur la préparation des aliments, suivant le mode qui est propre à chacun d'eux. Si, dans le cours de la cuisson, on est obligé d'alimenter de nouveau le feu, il faudra, après avoir introduit le bois dans le fourneau, ouvrir le registre dit *clef* pour faciliter l'action du tirage, sauf à le refermer ensuite progressivement, au fur et à mesure de la consommation du combustible.

Après chaque repas, nettoyer complétement le fourneau et les marmites, garnir le foyer du bois nécessaire à la cuisson du repas suivant, remplir les marmites d'eau jusqu'à cinq centimètres au plus du bord, poser dessus leur couvercle.

S'il est nécessaire de faire chauffer de l'eau dans les marmites pour nettoyer les gamelles, les précautions indiquées au dernier paragraphe ne seront prises qu'après cette dernière opération achevée.

Il est expressément défendu de traîner les marmites sur le sol des cuisines : on doit toujours les faire porter à bras par deux hommes.

Les corps sont responsables des dégradations survenues aux fourneaux, lorsqu'il est reconnu qu'elles proviennent du fait des cuisiniers ou de la troupe. Celles qui résultent d'événements de force majeure sont constatées dans les vingt-quatre heures par procès-verbal du sous-intendant militaire ou de son suppléant.

Les officiers, les sous-officiers et les caporaux chargés de la surveillance de l'ordinaire, ainsi que les concierges des casernes (en ce qui concerne la conservation des marmites), devront veiller à l'exécution de la présente consigne.

CHAUFFAGE AU CHARBON DE TERRE.

Lorsque le charbon et le bois d'allumage ont été introduits et rangés convenablement sous les marmites, on a soin, avant d'allumer le feu, d'ouvrir entièrement le registre dit *clef* placé dans le tuyau de la cheminée; on ferme la porte du foyer, ainsi que celle du cendrier, et on ne laisse de passage à l'air que par le petit guichet.

On ferme le registre à moitié, et même tout à fait, selon que le charbon est plus ou moins rouge; on peut, au besoin, couvrir le feu avec de la cendre mouillée et mise en pâte assez épaisse pour qu'elle ne puisse pas s'écouler au dehors. De cette manière, la chaleur se concentre, et l'on consomme toutes les parties de la houille qui sont susceptibles de l'être. A défaut de cendre, on peut se servir, pour couvrir le feu, des balayures de la cuisine ou de toute autre poussière.

Le feu étant bien conduit, un fourneau Choumara, chargé d'abord de 4 à 5 kilogrammes de charbon pour le repas du matin, et de 3 à 4 kilogrammes pour le repas du soir, ne doit exiger qu'un seul rechargement de combustible. Dirigé avec les mêmes précautions que le feu primitif, ce rechargement peut être de 3 à 4 kilogrammes pour le repas du matin, et de 2 à 3 kilogrammes pour le repas du soir.

L'emploi de la portion de charbon délivrée en poussier sera facilité en formant une pâte, ainsi qu'il est dit pour les cendres. Aussitôt que la soupe est terminée, le registre restant fermé, on nettoie complétement le fourneau ; l'on place et l'on range, pour le lendemain, dans le foyer, le charbon et le bois d'allumage.

Pour le surplus, voir la première partie concernant le chauffage au bois.

CHAUFFAGE DU FOUR AU BOIS POUR LA CUISSON DU ROTI.

Fendre dans toute sa longueur, en 2, 3 ou 4 morceaux, suivant sa grosseur, le bois destiné au chauffage du four; mettre dans le four le bois fendu et destiné au chauffage, le laisser séjourner pendant douze ou quinze heures pour augmenter sa siccité, la bouche et les houras restant fermés.

Effectuer le chauffage en faisant brûler le combustible sur la sole du four; la quantité de bois nécessaire est placée en une seule charge à l'intérieur à 0m20 en avant de la bouche qui est ouverte ainsi que les houras.

La flamme, entraînée par la colonne d'air qui vient de la bouche, lèche les différentes parties de la surface de la voûte et de la sole, leur communique sa chaleur, et va sortir par la cheminée des houras dont on ferme progressivement les registres jusqu'aux trois quarts, au fur et à mesure que la combustion du bois s'opère.

Le bois étant à moitié consumé, le répartir sur toute la surface de la sole, et laisser achever la combustion. Fermer entièrement les registres et la bouche pendant cinq à sept minutes pour égaliser la chaleur sur toutes les parties du four. Retirer la braise, la placer dans l'étouffoir (1), enfourner la viande et laisser opérer la cuisson en se conformant aux prescriptions indiquées à l'article des rôtis cuits au four.

---

(1) **Nota** : La braise provenant du chauffage du four est vendue et la recette est portée aux produits additionnels de l'ordinaire.

NOTICE

Sur le meilleur mode de préparation des aliments destinés aux ordinaires.

OBSERVATIONS GÉNÉRALES.

Principales denrées composant l'alimentation de la troupe :

Viande de boucherie { Bœuf. Mouton.

Pain de soupe.

Légumes
- frais : Pommes de terre. Navets. Carottes. Oignons. Poireaux. Choux.
- secs : Haricots. Lentilles. Pois.

Riz.
Graisse (saindoux).
Sel.
Poivre.
Café et sucre.

VIANDE DE BOUCHERIE.

La viande doit provenir d'animaux tués depuis 24 à 30 heures pendant la saison froide, 15 à 20 heures pendant la saison tempérée, 8 à 12 heures pendant les grandes chaleurs et les temps d'orage. La viande trop fraîche perd en moyenne 3 p. 100 de son poids au ressuage ; et, livrée à la cuisson dans cet état, elle reste dure et peu agréable à manger. Au contraire, un trop long séjour chez les fournisseurs ou dans les boucheries des corps pourrait déterminer sa décomposition.

Parmi les viandes de boucherie, les viandes de bœuf et de mouton sont celles qui, en raison de leur prix peu élevé, de leurs qualités nutritives et de la facilité de leur préparation, sont dans les meilleures conditions pour les ordinaires de la troupe.

On reconnaît les bonnes viandes à leur couleur vive, dénotant en même temps leur état de fraîcheur, ainsi qu'aux fines marbrures de graisse qui les parcourent dans plusieurs parties.

La viande des animaux malades est livide ou d'une teinte pâle inégale.

Indépendamment de la sensation qu'elle produit sur l'odorat, la corruption des viandes s'annonce par de petites taches marbrées, de diverses nuances

Les viandes de bœuf et de mouton employées dans la proportion d'un cinquième de mouton pour quatre cinquièmes de bœuf, sont susceptibles de faire un bon bouillon ; elles doivent être employées séparément dans la préparation du rôti, du ragoût et du rata.

Toutes les parties du mouton peuvent être employées pour le rôti, le ragoût et le rata; il n'en est pas de même de la viande de bœuf dont certaines catégories se dessécheraient et ne donneraient qu'une nourriture insuffisante.

On emploiera :

Pour la soupe, le paleron y compris la macreuse et la boîte à moelle, le gîte ou trumeau, les côtes, la poitrine, le collier et les bajoues;

Pour le rôti, le ragoût et le rata, le filet, l'aloyau, la culotte, la bavette d'aloyau, la tranche grasse, la tende de tranche et le gîte à la noix.

Chaque fois que la préparation de la viande aura lieu dans la marmite, le feu devra être entretenu lentement dans le fourneau afin d'éviter le saisissement de la viande par une trop forte chaleur, et de permettre que les os cèdent facilement la substance gélatineuse qu'ils renferment (1).

PAIN.

Le pain employé pour la soupe doit être bien cuit et fabriqué depuis plus de 24 heures ; on juge de sa qualité à son aspect, à sa couleur et à son goût.

On emploiera de préférence le pain de troupe, qui coûte moins cher et qui est plus nourrissant.

LÉGUMES.

Les légumes sont l'accompagnement indispensable de chaque préparation ; ils sont employés frais ou secs, suivant la saison ou le mode d'alimentation.

LÉGUMES FRAIS.

Les pommes de terre, les navets, les carottes, les oignons, les poireaux, les choux, constituent la catégorie des légumes frais dont les prix sont abordables par les ordinaires, et dont la préparation, pour en obtenir une bonne nourriture, n'offre aucune difficulté.

---

(1) Les os provenant de la viande d'un repas, doivent être soigneusement conservés pour être mis dans la marmite à la soupe suivante.

Les meilleures pommes de terre sont celles qui sont récoltées par un temps sec et dans un terrain sablonneux; on les reconnait à leur pellicule fine et lisse.

Le rendement de la pomme de terre sera relatif à sa grosseur; la plus belle donnera toujours les résultats les plus satisfaisants; elle doit être exempte de germe, de taches brunes, et n'être point gelée; la pomme de terre gelée est molle et sa pellicule est ridée.

La fraîcheur des autres légumes détermine leur qualité ; ils doivent, autant que possible, n'avoir pas subi les atteintes des insectes.

A défaut de légumes frais, mais dans ce cas là seulement, les ordinaires pourront faire usage, pour la soupe, de légumes soumis à la dessiccation et comprimés, connus sous le nom de *mélange de troupe;* ce mélange, composé de pommes de terre, de choux, de carottes, de navets, d'oignons, de poireaux et d'un assaisonnement aromatique, représente dix fois son poids en légumes frais ; l'emploi du mélange de troupe est de 25 à 30 grammes par homme, sa préparation a lieu de la manière suivante :

Après avoir retiré la viande, faire tremper dans un vase avec du bouillon chaud (environ 10 litres de bouillon pour un kilogramme de mélange) la quantité à employer; après un bain de 25 à 30 minutes, verser le tout dans la marmite et achever de faire cuire.

LEGUMES SECS.

Les légumes secs doivent être choisis dans les bonnes qualités et provenir de la récolte la plus récente, car ils contractent en vieillissant des principes échauffants nuisibles à la santé. Ils doivent être nets, sans mélange de graines ou de semences étrangères à leur espèce.

On reconnait leur bonne qualité au poids (1), au luisant, à leur moelleux, à leur goût.

On ne doit jamais manquer de recourir à une expérience de cuisson préalablement à leur admission en magasin.

L'enveloppe des légumes secs n'étant pas digestive, on donnera la préférence aux espèces les plus développées et à celles dont l'écorce est la plus fine.

Parmi les légumes secs, il est toujours préférable, en raison du prix, d'employer les haricots.

Lorsqu'il est fait usage de légumes secs, on doit, préalablement, les mettre tremper pendant 12 à 15 heures dans de l'eau froide pour en faciliter la cuisson.

---

(1) Poids moyen à l'hectolitre des principaux légumes secs.

Haricots.	75 à 80	kilogr.
Lentilles.	78 à 85	—
Pois.	79	—

RIZ.

Les espèces ou variétés de cette graminée sont très-nombreuses; mais, quelle qu'en soit l'origine, pour être admis par les corps le riz doit être de la dernière récolte, bien sec, entièrement net, dégagé de toute matière hétérogène et de poussière.

Le riz du Piémont est le plus avantageux à employer par les ordinaires des troupes stationnées en France; sa qualité est bonne et son prix peu élevé. On le reconnaît à son grain d'un blanc grisâtre et sans transparence, plus court, plus arrondi et plus gros que ceux des autres espèces.

GRAISSE.

On emploiera pour les ordinaires la graisse de porc; on reconnaît celle de bonne qualité à sa couleur blanc mat, ne laissant aucune saveur au palais lorsqu'on la goûte, et ne produisant aucune sensation sur l'odorat.

La graisse rance et de mauvaise qualité est jaune et désagréable au goût.

SEL.

Le sel doit être de première qualité et dégagé de toutes matières hétérogènes; *après sa dissolution dans l'eau il ne doit laisser aucune substance sablonneuse ou terreuse.* La fourniture peut être faite en sel gemme ou en sel marin.

POIVRE.

La bonne qualité du poivre se reconnait à son odeur pénétrante et à sa couleur brun foncé.

CAFÉ ET SUCRE.

Le café de bonne qualité est légèrement vert, exempt de mauvais goût et de mauvaise odeur. Les cafés avariés renferment des grains noirs ou tachés.

Le sucre doit être raffiné, de la qualité dite *cassé,* sans aucune trace d'avarie. On exige la fourniture en pains avec une tolérance pour les débris; toutefois, on rejette les morceaux qui ne pèsent pas 25 grammes.

Les explications données ci-après font connaître les différentes manières de procéder à la préparation des aliments et du café. Elles sont divisées en quatre parties :

1° La soupe,
2° Le rôti (1),
3° Le ragoût et le rata,
4° Le café.

---

(1) Lorsque les cuisines sont pourvues d'un four.

Les proportions indiquées se rapportent toujours *à un ordinaire de 100 hommes*, et la quotité de la ration, calculée sur les sept jours de la semaine, est, *par jour*, de (1) :

Viande	0k 253g
Pain (2)	0 125
Choux, poireaux, oignons	0 140
Pommes de terre, carottes, navets	0 510
Haricots, riz	0 031
Graisse	0 011
Sel	0 020
Poivre	0 002

Ire PARTIE.

SOUPE.

§ 1er. — SOUPE GRASSE.

Composition :

Bœuf	14k 000g
Pain	12 500
Choux	4 têtes (12 à 15k).
Pommes de terre	1 décalitre.
Poireaux	0k 300g
Navets	2 000
Carottes	2 000
Oignons piqués de 10 clous de girofle	5 (nombre.)
Sel	1k 000g
Poivre	0 100

A défaut de légumes frais, employer les haricots dans une proportion d'un litre pour 8 hommes.

Préparation : — Mettre la viande dans la marmite avec la quantité d'eau nécessaire, à raison d'un litre par homme.

A la première ébullition, écumer avec le plus grand soin la mousse blanchâtre qui se forme et surnage à la surface du liquide, prendre ensuite une cuillerée d'eau froide (environ un litre), la verser dans le bouillon pour lui faire jeter une nouvelle écume que l'on enlève comme la première, puis assaisonner de sel et de poivre. Ajouter les légumes et les oignons assez à temps pour que leur cuisson s'opère avec la viande et qu'elle soit achevée au moment de tremper la soupe.

La cuisson de la viande doit durer cinq heures ; deux heures suffisent habituellement pour cuire la langue et les rognons, ainsi que les choux, les navets, les carottes et les pommes de terre.

---

(1) Les prix d'achat payés à Paris, et la somme de 0 fr. 40 c., versée par jour à l'ordinaire par le soldat d'infanterie, ont servi de base à la fixation moyenne de la ration ; cette moyenne sera augmentée ou diminuée selon la variation des prix des denrées et des taux de prélèvement.

(2) La quantité de 125 grammes est basée sur la supposition, pour chaque jour de la semaine, d'une soupe le matin, et d'un ragoût ou rôti le soir

La viande étant cuite, la sortir de la marmite, l'égoutter sur le bouillon, la découper et la répartir dans les petites gamelles, sur le pain taillé en tranches minces;

Retirer les légumes, les mettre dans les gamelles de cuisine, les répartir ensuite dans les petites gamelles.

Verser sur le pain assez de bouillon pour le faire tremper; cette opération achevée, finir de tremper la soupe en versant le reste du bouillon dans les petites gamelles.

§ 2. — SOUPE MAIGRE AUX HERBES ET AUX LÉGUMES FRAIS.

Composition :

Pain.	12k 500g
Oseille.	1 500 à 2k.
Choux..	2 (nombre) 7 à 8k.
Pommes de terre	1 décalitre.
Navets.	1k 000g
Carottes	1 000
Oignons piqués de 8 clous de girofle. . . .	4 (nombre).
Graisse.	0k 700g
Sel	1 000
Poivre..	0 100

Préparation : — Mettre la graisse dans la marmite; la graisse étant fondue et bouillante, ajouter l'oseille et la faire réduire en la remuant pendant dix à quinze minutes avec une spatule en bois. Verser dans la marmite, et par portion d'un litre, de l'eau presque bouillante jusqu'à concurrence de la quantité nécessaire pour tremper la soupe (100 litres); assaisonner le bouillon de sel et de poivre, et ajouter les choux, les pommes de terre, les navets, les carottes et les oignons.

Après deux heures de cuisson, retirer les légumes et verser le bouillon, en deux fois, sur le pain, dans les petites gamelles, ainsi qu'il a été expliqué pour la soupe grasse. Répartir les légumes.

§ 3. — SOUPE MAIGRE AUX HARICOTS.

Composition :

Pain.	12k 500g
Haricots.	12 litres.
Graisse.	0k 700g
Sel.	1 000
Poivre.	0 100
Ail.	2 têtes.
Persil.	0k 030g
Laurier.	5 feuilles.
Thym.	5 grammes.

Préparation :—Mettre les haricots dans la marmite avec 100 litres d'eau froide. A la première ébullition du liquide ajouter la graisse, le sel, le poivre, l'ail, le persil, le laurier et le thym.

Après la cuisson des haricots qui dure environ quatre heures, tremper la soupe; mais avoir soin, avant d'y procéder, d'éteindre le feu du fourneau pour arrêter l'ébullition du bouillon, et faire tomber les légumes au fond de la marmite.

Retirer les haricots et les répartir dans les petites gamelles.

Si les haricots sont destinés à être distribués avec de la viande rôtie, il faut les retirer dix minutes avant le bouillon, c'est-à-dire le temps qu'ils doivent rester au four avec la viande et pendant lequel on trempe la soupe.

IIe PARTIE.

ROTIS.

Cette partie de l'alimentation se divise :

1° En viande rôtie au four avec des pommes de terre ;

2° En viande rôtie au four, et légumes préparés dans la marmite.

§ 1er. — ROTI CUIT AU FOUR AVEC DES POMMES DE TERRE.

Composition :

	Bœuf. .	12k 000g
Ou	Mouton	11 400
	Pommes de terre.	60 000
	Graisse.	1 200
	Sel. .	0 200
	Poivre.	0 400
	Feuilles de laurier	4 par plat
	Oignons piqués chacun de 4 clous de girofle, 4 par plat de rôti.	4 par plat.

Préparation : Couper la viande par morceaux de 3 à 4 kilogr. Couper les pommes de terre en deux ou quatre morceaux, suivant leur grosseur ; mettre les légumes et la viande dans les plats, la viande par-dessus ; répartir la graisse dans chaque plat ainsi qu'une partie de l'assaisonnement.

Afin d'éviter que la chaleur du four saisisse et brûle le fond du plat et les légumes, y verser deux à trois verres d'eau à défaut de bouillon.

Le four étant chauffé à blanc, fermer hermétiquement les houras, enfourner les plats avec activité, relever la bouche du four aussitôt après pour empêcher toute perte de chaleur, s'abstenir d'ouvrir la bouche du four et les houras pendant la cuisson.

Le temps moyen pour la cuisson des rôtis de 3 à 4 kilogrammes par plat, mis au four avec des légumes, est de trois heures.

Une heure après l'enfournement, examiner le progrès de la cuisson ; s'il en est temps, retourner les légumes et la viande, qui doit toujours rester par-dessus ; compléter l'assaisonnement par une nouvelle addition de poivre et de sel ; achever la cuisson.

La vapeur qui se dégage de la viande et des légumes doit être conservée dans le four ; c'est elle qui les empêche de se dessécher et leur donne la couleur dorée qui est un signe de bonne préparation.

§ 2.— ROTI AU FOUR AVEC LÉGUMES PRÉPARÉS DANS LA MARMITE.

1° ROTI.

Composition :

Bœuf..	12k 000g
Ou Mouton.	11 400
Graisse.	0 700
Sel.	0 200
Poivre.	0 030
Feuilles de laurier.	4 par plat.
Oignons piqués de 2 clous de girofle..	4 par plat.

Préparation : Couper la viande par morceaux de 4 à 5 kilogr.; la répartir dans les plats par deux morceaux au plus; ajouter la graisse, les oignons, le laurier et la moitié du sel et du poivre. Une heure et demie après l'enfournement, examiner la viande, la retourner, terminer l'assaisonnement et achever la cuisson.

Mêmes recommandations qu'à l'article précédent, en ce qui concerne le chauffage du four, l'enfournement et la cuisson.

2° LÉGUMES.

1° HARICOTS.

Composition :

Haricots..	25 litres.
Graisse.	0k 600g
Sel.	0 400
Poivre.	0 050
Ail.	4 têtes.
Persil.	0 030
Laurier.	8 feuilles.
Thym.	10 grammes.

Préparation : Verser dans la marmite 50 litres d'eau froide avec les haricots; une demi-heure avant que de les retirer, les assaisonner en y ajoutant la graisse, le sel, l'ail, le poivre, le persil, le laurier et le thym.

Quatre heures suffisent pour la cuisson des haricots.

La cuisson achevée, retirer les haricots, les répartir dans les plats de viande, et les laisser séjourner au four pendant dix minutes.

2° POMMES DE TERRE.

Composition :

Pommes de terre.	60k 000g
Graisse.	0 800
Farine.	0 600
Sel..	0 800
Poivre.	0 400
Oignons 8.— Ail, 4 têtes. — Persil, 1 botte. — Laurier.	10 feuilles.
Thym.	8 à 10 gr

Préparation. Mettre la graisse dans la marmite; lorqu'elle sera fondue et bouillante, y ajouter la farine par petites pincées en la tamisant au-dessus de la graisse, qui devra constamment être remuée avec une grande spatule en bois. Cette opération constitue le *roux de la sauce.*

Verser dans la marmite 50 litres d'eau bouillante par petites quantités de un litre; ajouter les légumes, le sel et le poivre; une heure plus tard, compléter l'assaisonnement par l'addition des oignons hachés avec l'ail et le persil, et du laurier attaché avec le thym.

Deux heures et demie à trois heures suffisent pour la cuisson des pommes de terre.

IIIe PARTIE.

RAGOUTS ET RATAS.

Cette partie de l'alimentation comprend :

1° Ragoût { de bœuf ou de mouton aux pommes de terre;
de bœuf ou de mouton au riz (riz au gras);

2° Rata { au bœuf ou au mouton avec pommes de terre.
id. avec pommes de terre et haricots.
id. avec pommes de terre et riz.

RAGOUTS.

§ 1er. — RAGOUT DE BOEUF OU DE MOUTON AUX POMMES DE TERRE.

Composition :

Bœuf.	11k	500g
Ou Mouton.	11	000
Pommes de terre.	50	000
Carottes (à défaut de carottes remplacer ce légume par une quantité égale de pommes de terre).	10	000
Graisse.	0	800
Sel.	1	000
Poivre.	0	100
Farine.	0	600
Oignons piqués chacun de 4 clous de girofle.	8	(nombre).
Ail.	6	têtes.
Persil.	1	botte.
Laurier.	10	feuilles.
Thym.	0	005

Préparation : Mettre la graisse dans la marmite. Lorsqu'elle sera fondue et bouillante, ajouter le tiers de l'assaisonnement en poivre et en sel, ainsi que la viande coupée par petits morceaux, représentant trois portions; laisser revenir la viande, faire le roux avec de la farine, verser trois litres d'eau bouillante, achever de cuire la viande et la sortir de la marmite. Verser dans la marmite 50 litres d'eau bouillante, y placer les pommes de terre et les carottes coupées en deux ou quatre morceaux, suivant leur grosseur. Les légumes étant à moitié de leur cuisson, terminer l'assaisonnement par l'addition du poivre, du sel, des oignons, de l'ail et du persil hachés ensemble, du laurier et du thym.

§ II. — RAGOUT DE MOUTON OU DE BOEUF AU RIZ.

Composition :

	Bœuf	11k 500
Ou	Mouton	11 000
	Riz	13 000
	Graisse	1 500
	Sel	1 000
	Poivre	0 050
	Piment en poudre	0 025
	Safran en poudre	0 015
	Oignons coupés de la grosseur du pouce	6 (nombre).
	Laurier	10 feuilles.
	Thym	0k 010g

Préparation : Mettre dans la marmite 20 litres d'eau et le riz pour le faire blanchir; veiller avec la plus grande attention à ce que le riz ne crève pas; le tirer après 25 minutes d'ébullition, l'égoutter avec soin. Jeter l'eau dans laquelle le riz a blanchi, faire fondre la graisse dans la marmite, et lorsqu'elle sera bouillante y ajouter la viande coupée par morceaux de 350 gr. à 400 gr., avec 100 gr. de sel, 10 gr. de poivre et une petite pincée de piment en poudre; faire frire les oignons, achever la cuisson de la viande; verser 50 litres d'eau chaude, mettre le riz dans la marmite pour achever sa cuisson.

Le complément de l'assaisonnement en sel, poivre, piment, safran, laurier et thym, sera mis à l'instant ou le riz commence à crever.

RATAS.

§ Ier. — RATA DE BOEUF OU DE MOUTON AUX POMMES DE TERRE.

Composition :

	Bœuf	11k 500g
Ou	Mouton	11 000
	Pommes de terre	60 000
	Graisse	0 800
	Sel	1 000
	Poivre	0 100

Oignons, 8. — Ail, 6 têtes. — Persil, 1 botte. — Laurier, 10 feuilles. Thym, 5 grammes. — Clous de girofle, 10.

Préparation : La préparation du rata aux pommes de terre est la même que celle du ragoût fait avec le même légume, à cette seule différence près, que l'on ne fait pas de roux pour la sauce, et qu'on écrase les légumes avec une grande spatule, lorsqu'ils sont parfaitement cuits.

§ II. — RATA DE BOEUF OU DE MOUTON AUX HARICOTS ET AUX POMMES DE TERRE.

Composition :

Bœuf.	11k 500g
Ou Mouton.	11 000
Pommes de terre.	35 000
Haricots.	12 litres.
Graisse.	0k 800g
Sel.	1 000
Poivre.	0 100

Oignons, 8.—Ail, 6 têtes.— Persil, 1 botte. — Laurier, 10 feuilles. Thym, 5 grammes.—Clous de girofle, 6.

Préparation : La cuisson de la viande a lieu comme il est indiqué pour le ragoût de bœuf ou de mouton aux pommes de terre, sans qu'il soit nécessaire de faire de roux.

La viande étant cuite et retirée de la marmite, y mettre 75 litres d'eau et les légumes ; les légumes étant à moitié cuits, terminer l'assaisonnement par l'addition du sel et du poivre, des oignons, de l'ail et du persil hachés ensemble, du laurier, du thym et des clous de girofle. Achever la cuisson des légumes et les écraser avec une grande spatule.

§ III. — RATA DE BOEUF OU DE MOUTON AUX POMMES DE TERRE ET AU RIZ.

Composition :

Bœuf.	11k 500g
Ou Mouton.	11 000
Pommes de terre.	40 000
Riz.	7 000
Graisse.	1 000
Sel.	1 000
Poivre.	0 100

Oignons, 8.—Ail, 6 têtes. — Persil, 1 botte. — Laurier, 10 feuilles. Thym, 5 grammes.—Girofle, 10 clous.

Préparation : La préparation du rata aux pommes de terre et au riz s'exécute par les moyens indiqués pour le rata aux pommes de terre et aux haricots. Le riz est mis dans la marmite en même temps que les pommes de terre.

IVe PARTIE.

CAFÉ.

PREMIER MODE.

Composition :

Café.	1k 600
Sucre.	2 000

Préparation : Mettre de l'eau froide dans une marmite; allumer un feu très-vif dans le fourneau pour déterminer promptement l'ébullition.

Aussitôt l'ébullition effectuée, y jeter le café, retirer la marmite et opérer, après trois minutes, la clarification du café en versant doucement une petite quantité d'eau froide sur toute la surface du liquide; laisser reposer pendant cinq minutes.

Le marc du café étant précipité, le café devenu très-limpide est tiré au clair et distribué.

La répartition du sucre est préalablement faite dans l'ustensile qui sert à l'homme pour boire le café.

DEUXIÈME MODE.

Les proportions indiquées pour 100 hommes, dans la composition qui précède, ne sont pas maintenues pour la seconde manière de préparer le café, parce qu'il repose sur l'emploi d'une marmite intérieure dite au *bain-marie.* La contenance de cette marmite (1) qui doit être de 40 litres, représente en effet les rations de café pour 150 hommes, correspondant à l'effectif que desservent 2 marmites Choumara accouplées.

Composition :

Café.	2k 400
Sucre.	3 000

Préparation : Mettre de l'eau dans la marmite, au bain-marie, à raison de 25 centilitres par homme; l'introduire dans une marmite Choumara; verser de l'eau dans celle-ci, de manière à baigner la marmite au bain-marie, jusqu'à 10 centimètres de son bord supérieur.

Allumer et conduire le feu dans le fourneau, ainsi qu'il est indiqué au premier mode de préparation.

Aussitôt l'ébullition du liquide obtenue dans la marmite au bain-marie, y jeter le café, retirer la marmite, et opérer la clarification par le moyen indiqué au précédent article.

Le marc étant précipité, ouvrir le robinet de la marmite au bain-marie, distribuer le café dans l'ustensile qui sert à l'homme pour le boire, et dans lequel on aura préalablement fait la répartition du sucre.

OBSERVATIONS RELATIVES AU CAFÉ.

Conserver le marc dans la marmite qui aura servi à faire le café; remplir ce récipient d'eau froide ou chaude; soumettre le liquide à l'ébullition; opérer la clarification comme il est indiqué aux deux préparations précédentes; distribuer cette boisson dans l'eau destinée à être bue par les hommes à leurs repas.

(1) Voir le modèle ci-contre.

MARMITE A CAFÉ
DITE AU BAIN-MARIE.

Plan du couvercle.

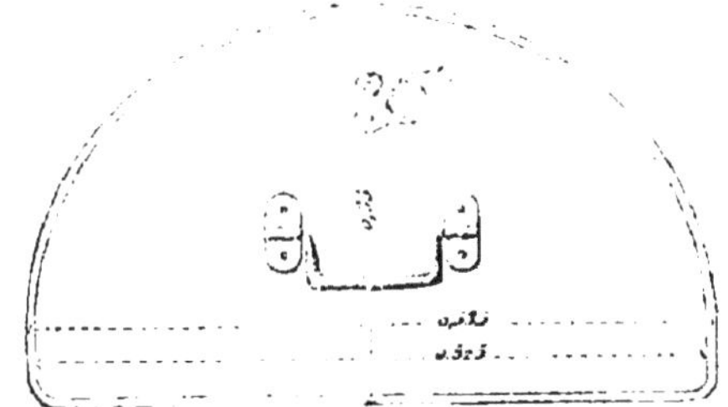

Élévation et coupe sur *ab*.

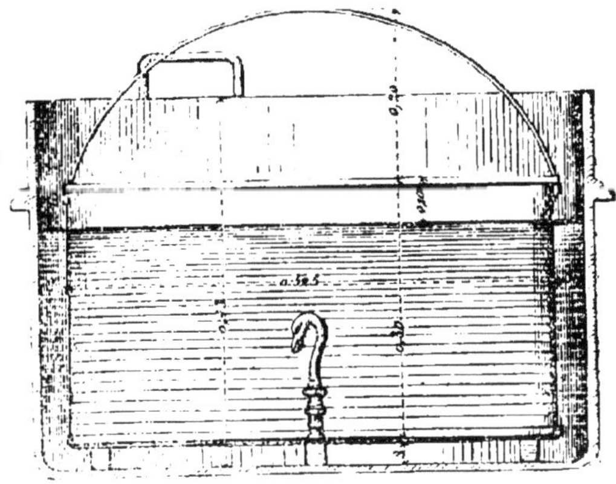

Plan des deux marmites.

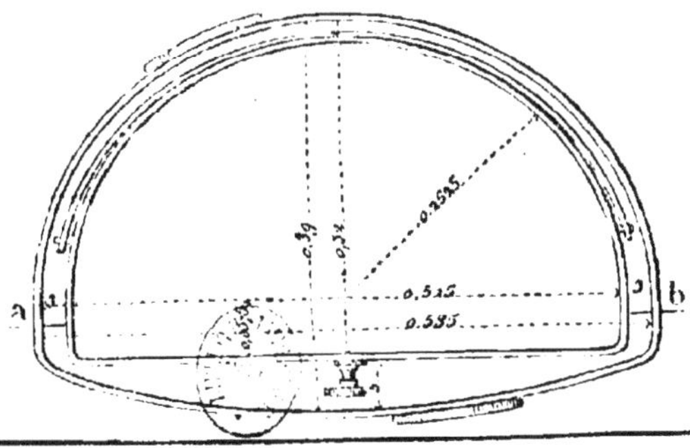

TABLEAU INDIQUANT LES DIVISIONS PAR CATÉGORIES DU BŒUF ET DU MOUTON.

BŒUF.

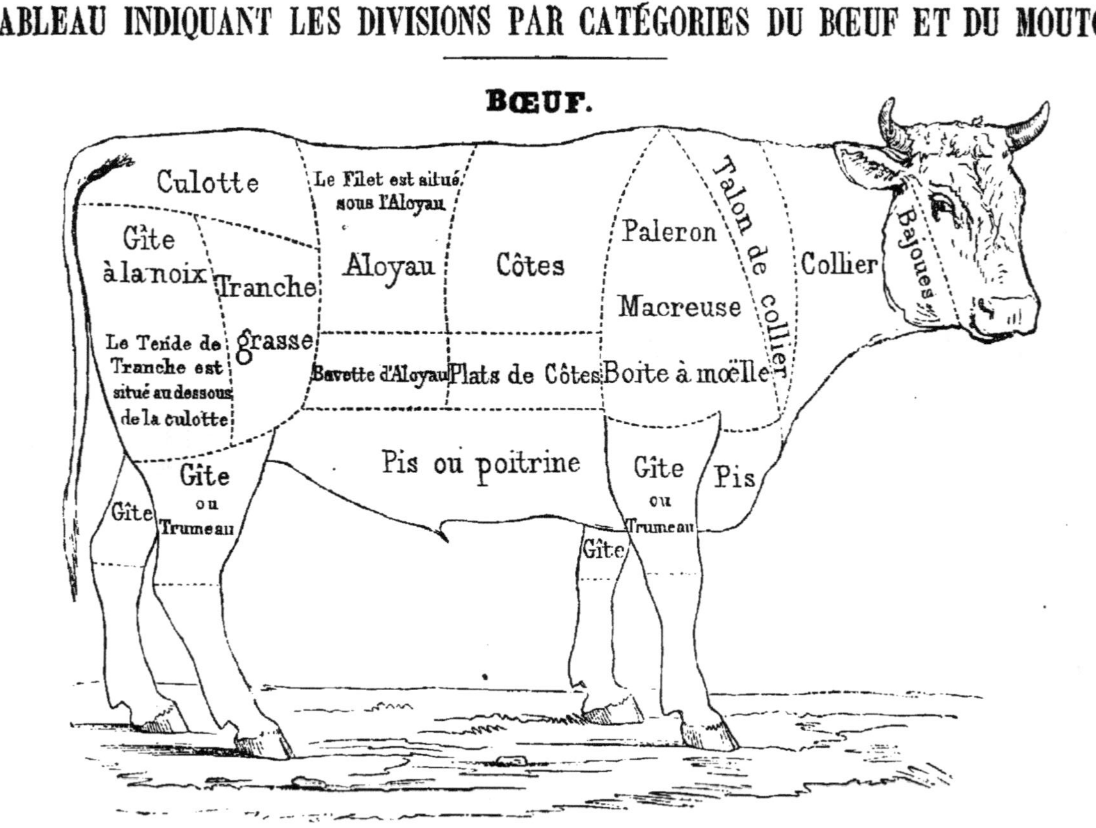

MOUTON.

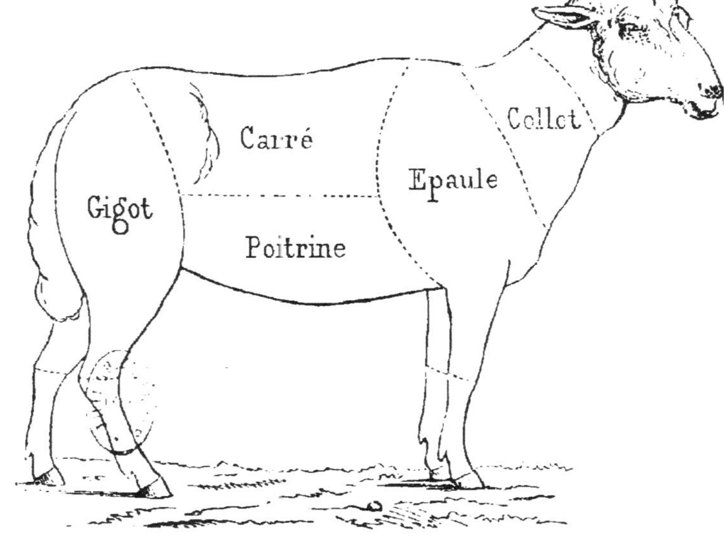
Collet
Epaule
Carré
Poitrine
Gigot

(1) Indiquer le corps. (1)

ORDINAIRES.

REGISTRE des Marchés et Conventions passés par la Commission des Ordinaires.

Article 15 du Règlement du 14 décembre 1861.

Ouvert le

Clos le

I. Les marchés et conventions passés par les corps de troupe sont de *simples conventions verbales.*

II. Comme conséquence, les personnes avec lesquelles les corps traitent ne sont pas soumises à la juridiction administrative.

Les marchés et conventions ne sont pas sujets au timbre et à l'enregistrement : cette double formalité ne deviendrait nécessaire que s'il y avait lieu de recourir à une instance judiciaire.

III. Le registre des marchés et conventions est tenu à la portion du corps que le colonel commande directement.

Les portions détachées (art. 19 du règlement) envoient successivement, à la portion du corps où se trouve le colonel, les marchés et conventions qu'elles ont passés, et dont elles conservent copie. Ces marchés et conventions sont inscrits au registre à la date à laquelle ils sont reçus.

IV. Les *cahiers des charges* ne sont pas copiés au registre ;

Au contraire, les *marchés et conventions* sont transcrits textuellement : lorsque, pour les conditions d'exécution, ils se réfèrent à un cahier des charges, on relate la date à laquelle ce dernier document a été arrêté.

V. Les transcriptions sont faites jour par jour, sans lacune, grattage et surcharge ; les corrections sont approuvées en marge. Chaque transcription reçoit un numéro d'ordre qui est suivi sans discontinuité jusqu'à la fin du registre.

VI. Le registre est précédé d'un répertoire ouvert par *nature de denrées ou d'objets.* L'énonciation en est faite par ordre alphabétique.

Le répertoire mentionne le nom des fournisseurs, la place où le marché a été passé, la date et la durée du marché, la page et le numéro d'ordre. Exemple :

VIANDE.

NOMS DES FOURNISSEURS.	PLACES.	DATES DES MARCHÉS.	DURÉE DES MARCHÉS.	PAGE.	NUMÉRO.	OBSERVATIONS.
François.	Versailles.	1861. 15 octobre.	1861. 1er nov. au 28 fév. 1862.	10.	54.	

VII. Le registre des marchés et conventions doit être relié avant que d'être ouvert ; il embrasse une période de temps indéterminée ; il est coté et paraphé par le colonel, qui l'arrête lorsqu'il est terminé. On le dépose ensuite aux archives du corps.

Nos D'ORDRE.	OBJET DES MARCHÉS.	TEXTE DES MARCHÉS ET CONVENTIONS.	MENTION de l'approbation du colonel. MENTION de l'affichage des conventions dans les chambres des chefs d'ordinaire.

(1) Indiquer le corps, et pour chaque compte, la compagnie, l'escadron, la batterie.

(1)

ORDINAIRES.

REGISTRE *des distributions faites par les Fournisseurs ou par la Commission.*

(Article 15 du Règlement du 14 décembre 1861).

Ouvert le 186 .

Clos le 186 .

I. Les quantités de denrées, ou objets nécessaires journellement à chaque ordinaire, sont indiquées au *Livret d'ordinaire.*

Ces indications équivalent à un bon de distribution.

Les distributions sont faites sur l'exhibition du livret.

A l'expiration de chaque période de cinq jours (*ou de fin de mois*), le sergent-major ou le maréchal des logis chef totalise, par livrancier (*quantités et sommes*), le montant des fournitures décomptées journellement au livret.

II. Un compte est ouvert au présent registre à chaque compagnie, escadron ou batterie. Ce compte forme, sous une feuille de titre, un cahier séparé, de manière que le compte puisse suivre chaque partie détachée si le corps se divise (art. 19 du règlement du 14 décembre 1861).

Dans les régiments d'infanterie, on suit l'ordre des bataillons, et dans chaque bataillon l'ordre des compagnies, en commençant par la compagnie de grenadiers. On procède par analogie dans les corps de troupes à cheval.

III. Chacune des colonnes ouvertes au registre reçoit l'indication :

De la nature d'une des denrées ou objets fournis ;

De l'unité décimale qui lui est propre.

On se conforme, pour le classement des denrées par colonnes, à l'ordre observé sur le livret d'ordinaire.

IV. Toutes les distributions faites dans la même journée à la compagnie, sont inscrites *sur une seule ligne* dans les colonnes ouvertes au registre.

On indique dans chaque colonne, *avant la quantité*, lors de la première inscription, le nom du livrancier (*Fournisseur. — Commission*). Ce nom n'est pas reproduit aux dates suivantes si le livrancier reste le même ; le nom est changé aux dates où il y a changement de livrancier.

V. Les quantités inscrites dans chaque colonne sont totalisées par période de cinq jours (*ou de fin de mois*). On indique ensuite le prix ou les prix applicables à l'unité de chaque espèce de denrées ; on porte immédiatement au-dessous le montant, par nature de denrée, des sommes acquises à chacun des fournisseurs et à la commission, puis on groupe par accolades les sommes revenant à chaque créancier et celles formant la dépense totale de la période.

Ces divers totaux doivent concorder avec ceux du livret d'ordinaire.

VI. Le compte de chaque compagnie est ouvert, coté et paraphé par le colonel (ou par l'officier le représentant, art. 19). A la fin de janvier on réunit, sous une feuille de titre, tous les comptes séparés ; on en forme ainsi le registre qui est déposé aux archives du corps.

Nota. La présente feuille de titre comprend un exemple chiffré

DATES DES DISTRIBUTIONS.	DÉSIGNATION, PAR NATURE DE DENRÉE OU D'OBJET, DES QUANTITÉS FOURNIES. Pain pour la soupe.	Viande de bœuf.	Viande de mouton.	Lard.	Saindoux.	Riz.	Haricots.	Lentilles.	Sel blanc.	Sel gris	Poivre.	Chandelle.	Savon.	AVEC INDICATION DES LIVRANCIERS (FOURNISSEURS.—COMMISSION). Salade.	Pommes de terre.	Choux.	Poireaux.	Ingrédients divers de propreté.
	Kilogramme	Kilogr.	Kilogr.	Kilog.	Kilog.	Kilog.	Kilog.	Kilog.	Kilog.	Kilog	Kilog.	Kilog.	Kilog.	Nombre.	Kilog.	Tête.	Botte.	
	PIERRE.	JEAN.		DOMINIQUE.											COMMISSION.			
1er novembre	»	»	»	»	»	»	»	»	»	»	»	»	»	»	»	»	»	»
Totaux	»	»	»	»	»	»	»	»	»	»	»	»	»	»	»	»	»	»
Etc.	»	»	»	»	»	»	»	»	»	»	»	»	»	»	»	»	»	»
6 novembre	»	»	»	»	»	»	»	»	»	»	»	»	»	»	»	»	»	»
7 idem	»	»	»	»	»	»	»	»	»	»	»	»	»	»	»	»	»	»
Etc.	»	»	»	»	»	»	»	»	»	»	»	»	»	»	»	»	»	»
11 novembre	»	»	»	»	»	»	»	»	»	»	»	»	»	»	»	»	»	»
12 idem	»	»	»	»	»	»	»	»	»	»	»	»	»	»	»	»	»	»
Etc.	»	»	»	»	»	»	»	»	»	»	»	»	»	»	»	»	»	»
16 novembre	»	»	»	»	»	»	»	»	»	»	»	»	»	»	»	»	»	»
17 idem	»	»	»	»	»	»	»	»	»	»	»	»	»	»	»	»	»	»
Etc.	»	»	»	»	»	»	»	»	»	»	»	»	»	»	»	»	»	»
21 novembre	»	»	»	»	»	»	»	»	»	»	»	»	»	»	»	»	»	»
22 idem	»	»	»	»	»	»	»	»	»	»	»	»	»	»	»	»	»	»
Etc.	»	»	»	»	»	»	»	»	»	»	»	»	»	»	»	»	»	»
Etc.	»	»	»	»	»	»	»	»	»	»	»	»	»	»	»	»	»	»
26 novembre	28	30	»	10	2	2	»	»	3	2	0 050	1	»	5	40	»	10	»
27 idem	28	30	»	10	2	2	»	»	3	2	0 050	1	»	»	40	»	»	»
28 idem	28	30	»	10	2	»	2	»	»	»	0 050	1	3	»	»	»	5	»
29 idem	28	30	»	10	2	»	2	»	»	2	0 050	1	»	»	»	5	»	»
30 idem	28	30	»	10	2	»	»	2	»	4	0 050	1	»	»	»	5	»	100
Totaux	140	150	»	50	10	4	4	2	6	10	0 250	5	3	5	80	40	15	100
Prix de chaque unité	0f 29c	0f 90c	»	1f 60	1f 60	0f 45 et 0 46	0f 45	0f 45	0f 25	0f 10	2f 50	1f 58	1f 06	0f 10	0f 10ø	0f 04	0f 40	0f 05
Montant des dépenses	40 60	135 00	»	80 00	16 00	1 82	1 80	0 90	1 50	4 00	0 63	7 50	3 30	0 50	8 00	0 40	6 30	5 00
Sommes acquises à chaque créancier	40f 60c	135f 00c		115f 63c											43f 90c			
Total général	305f 43c																	

SITUATION FINANCIÈRE DE LA COMPAGNIE AVEC LA COMMISSION.

Dates.	Détail des recettes et des dépenses.	Doit. — Valeur de denrées et objets livrés à l'ordinaire.	Avoir. — Avances ou payements faits par la compagnie.
25 novembre.	Prélèvement sur le fonds d'économie	»	15f 00c
30 novembre.	Valeur des denrées reçues des fournisseurs du 26 au 30 novembre	291f 23c	
30 novembre.	Valeur des denrées livrées par la commission des ordinaires pendant la même période	13 90	
30 novembre.	Versement à la commission des ordinaires pour payements à faire aux fournisseurs	»	291 23
	Totaux	305 13	306 23
	Report du débit	»	305 13
	Reste à l'avoir	»	1 10

(1) Indiquer le corps.

(1)

ORDINAIRES.

Registre des Recettes et des Dépenses en deniers.

(Article 15 du règlement du 14 décembre 1861.)

Ouvert le

Clos le

I. Le registre reçoit l'inscription des recettes et des dépenses de la commission.

II. Les écritures sont passées, par ordre de dates, et sous des numéros d'ordre se suivant sans interruption ; elles sont faites sans lacune, grattage et surcharge, les corrections sont approuvées en marge. On se conforme aux indications ci-après :

Inscription journalière de chacune des opérations suivantes :

Recettes. { Prélèvement sur le fonds d'économie ou sur la solde; Valeur des denrées et objets distribués par les fournisseurs, ou livrés directement par la commission à chaque compagnie, escadron, batterie.

Dépenses. — Paiements effectués (règlement des factures des fournisseurs; — Achats directs de la commission).

Comme point de repère on indique :

Pour les *recettes*, les dates d'enregistrement portées à la situation financière de chaque ordinaire ;
Pour les *dépenses*, les dates d'enregistrement portées à cette même situation ; de plus, lorsqu'il y a livraison par la commission, les numéros d'ordre portés au registre des entrées et des sorties de magasin.

III. Le *registre des recettes et des dépenses* est totalisé à la fin de chaque mois. On établit la balance des recettes et des dépenses, et on fait ressortir la situation au premier jour du mois suivant.

IV. Le *registre des recettes et des dépenses* est relié ; il est ouvert ensuite par le colonel (ou par l'officier le représentant, art. 19), qui paraphe tous les feuillets. A la fin du mois de janvier, le colonel clôt le registre. Il en ouvre un nouveau, et on place dans les archives du corps celui qui se rapporte à la gestion expirée.

NOTA. La présente feuille de titre comprend un exemple chiffré.

NUMÉROS D'ORDRE D'ENREGISTREMENT.	DATES des OPÉRATIONS.	NUMÉROS DE RENVOI du registre des entrées et des sorties de magasin. — ENTRÉES.	DÉTAIL DES RECETTES ET DES DÉPENSES.	MONTANT des RECETTES.	MONTANT des DÉPENSES.
	Novembre. 1er		. . . .		
240	26		Prélèvement sur le fonds d'économie, autorisation du 25 nov. . . . 3e bat., 1re comp.	20f 00	
			Idem. . . . . 3e bat., 2e comp.	15 00	
			Idem. . . . . bat., comp.	15 00	
	26	430	Payé comptant à M. Jérôme, maraîcher . . . . { Pommes de terre. . . . . 200 kil. Choux . . . . 100 Poireaux. . . . . 75 }	»	31f 50
	26	137	Payé comptant à Louis, épicier, ingrédients de propreté. . . . { . . . . }	»	4 50
	30		Sommes reçues des ordinaires pour effectuer le paiement des livraisons faites par les fournisseurs, du 26 au 30. 1er bataillon, 1re compagnie. . . . . 1er bataillon, 2e compagnie. . . . . bataillon, compagnie. 291f 23	291 23	»
	30		Paiements faits aux fournisseurs, livraison du 26 au 30 novembre		
			M. Pierre, boulanger. . . . . { 1er bataillon, 1re compagnie. . 1er bataillon, 2e compagnie. . bataillon, compagnie. . 40 60 } 40 60		
			M. Jean, boucher. . . . . . . { 1er bataillon, 1re compagnie. . 1er bataillon, 2e compagnie. . bataillon, compagnie. . 135 00 } 135 00	»	291 23
			M. Dominique, épicier. . . . . { 1er bataillon, 1re compagnie. . 1er bataillon, 2e compagnie. . bataillon, compagnie. . 115 63 } 115 63		
			TOTAUX pour le mois de novembre.	341 23	327 23
			Les dépenses ont été de	327 23	
			RESTANT en caisse au 1er décembre.	14 00	

(1) Indiquer le corps. (1)

GESTION PAR LA COMMISSION DES ORDINAIRES.

DENRÉES ET OBJETS DIVERS.

Registre des Entrées et des Sorties de Magasin.
(Article 15 du Règlement du 14 décembre 1861.)

Ouvert le

Clos le

I Les écritures sont passées au registre des entrées et des sorties de magasin, conformément aux règles indiquées ci-après :

II. Chaque entrée, chaque sortie, reçoit un numéro d'ordre.

Ces numéros se suivent sans interruption.

Les entrées et les sorties ont chacune une série distincte de numéros.

ENTRÉES.

INSCRIPTION JOURNALIÈRE.

On mentionne, au moyen d'un seul article, toutes les quantités reçues dans la journée d'un même fournisseur ; on désigne nominativement chaque livrancier, et on rappelle la date du marché ou de la convention.

SORTIES.

INSCRIPTION MENSUELLE.

Les quantités remises aux ordinaires sont inscrites mensuellement pour l'ensemble des compagnies, escadrons, batteries.

Cette inscription est conforme aux résultats des inscriptions faites et totalisées à la fin du mois au registre des distributions (denrées et objets reçus de la commission) ; ces résultats sont récapitulés dans un état qui est joint à l'appui du compte rendu mensuel (art. 17 du Règlement).

III. Le registre des entrées et des sorties de magasin est totalisé à la fin de chaque mois ; on établit la balance des entrées et des sorties, et on fait ressortir les restants en magasin.

Les restants de fin de mois forment le premier article d'entrée du mois suivant.

IV. Le registre des entrées et des sorties est relié avant que d'être ouvert.

Il est coté et paraphé par le Colonel (*ou par l'Officier le représentant*, art. 19). A la fin du mois de janvier, le registre est déposé dans les archives du corps.

Nota. La présente feuille de titre comprend un exemple chiffré.

Registre des Entrées et des Sorties.

NUMÉROS D'ORDRE d'enregistrement.	DATES DES ENTRÉES.	CAUSES DES ENTRÉES.	DÉSIGNATION, PAR NATURE DE DENRÉES OU OBJETS, DES QUANTITÉS ENTRÉES EN MAGASIN. NOTA. Les inscriptions sont faites dans l'ordre suivi au registre des distributions.													
					Pommes de terre.	Choux.	Poireaux.					INGRÉDIENTS DE PROPRETÉ. (Colonnes à ouvrir selon les besoins.)				
	Novembre. 1er.															
430	26	Achat de M. Jérôme, maraicher. . . .	»	»	200 k	100 k	75 k									
437	26	Achat de M. Louis, épicier, ingrédients de propreté.	»	»	»	»	»	»	»	»	»	»	»	»	»	»
		TOTAUX des entrées pendant le mois de novembre.	»	»	200	100	75									
		SORTIES d'après l'état récapitulant les quantités livrées aux ordinaires par la commission, et justifiées par le registre des distributions.	»	»	190	90	60									
		RESTANT en magasin le 1er décembre. .	»	»	10	10	15									

État récapitulatif des quantités de denrées et d'objets divers livrés aux Ordinaires par la commission, pendant le mois de novembre.

(État à joindre au compte rendu sommaire du mois. — Article 17 du Règlement du 14 décembre 1861.)

DATES DES SORTIES.	CAUSES DES SORTIES.	DÉSIGNATION, PAR NATURE DE DENRÉES OU OBJETS, DES QUANTITÉS ENTRÉES EN MAGASIN. NOTA. Les inscriptions sont faites dans l'ordre suivi au registre des distributions.													
				Pommes de terre.	Choux.	Poireaux.					INGRÉDIENTS DE PROPRETÉ. (Colonnes à ouvrir selon les besoins.)				
Novembre.	DISTRIBUTIONS FAITES AUX DIVERS ORDINAIRES DU RÉGIMENT.														
Mois entier.	1er bataillon, grenadiers.														
1er au 15.	1er bataillon, 3e compagnie.														
Mois entier.	1er bataillon, voltigeurs														
15 au 30.	2e bataillon, grenadiers														
26 au 30.	3e bataillon, 1re compagnie.	»	»	50 k	50 k	25 k									
Idem.	3e bataillon, 2e compagnie	»	»	60	30	20									
Idem.	bataillon, compagnie	»	»	80	10	15									
	TOTAUX des sorties pendant le mois de novembre	»	»	190	90	60									

* Indiquer le corps. *

** Indiquer la compagnie. **
l'escadron.
la batterie.

LIVRET D'ORDINAIRE [1]

DU 1er FÉVRIER 186 AU 31 JANVIER 186 .

RECETTES.

Les *recettes ordinaires* sont celles qui sont indiquées ci-après, savoir :

1° Versements fixes, prélevés sur la solde des hommes. (*Ordonnance du 5 décembre 1840, et décision impériale du 11 mars 1857.*)

En station, avec le pain seulement.	0 fr. 36 c.
En marche, avec le pain.	0 fr. 46 c.
Avec les vivres de campagne.	0 fr. 18 c.

2° Versements supplémentaires suivant la place de garnison et aussi suivant l'arme, enfin la demi-journée de solde le 15 août, ou dans des circonstances extraordinaires.

Les *recettes additionnelles* se composent ainsi :

1°	Travailleurs en ville.	5 centimes par jour; de plus, 5 francs par mois si le service est partagé entre les hommes de la compagnie, escadron ou batterie. (*Ordonnance du 2 novembre 1833.* — 239, infanterie ; 304, cavalerie.)
	Officiers aux arrêts de rigueur ou en prison, avec une sentinelle à leur porte.	le 5e de la solde journalière (270, infanterie; 333, cavalerie.)
	Sous-officiers mangeant à l'ordinaire.	5 centimes par jour en sus de la somme que versent les soldats. (327, infanterie; 390, cavalerie.
	Caporaux ou brigadiers en prison ou au cachot. .	Totalité des centimes de poche. (287, infanterie; 350, cavalerie.)
	Absents illégalement le dernier jour du prêt. . .	*Idem*. . . . . (69, infanterie ; 83, cavalerie.)

Nota. En outre, le pain de soupe et la viande n'étant pas pris pour les hommes qui obtiennent une permission du matin, du soir ou de la journée, l'économie résultant de là équivaut à une autre recette additionnelle.

2° Produit de la vente des issues diverses (os, eaux grasses, cendres, etc.), provenant de l'ordinaire.

DÉPENSES.

(Les dépenses énumérées ci-après sont les seules qui peuvent être imputées aux ordinaires.)

1° Viande, pain de soupe et toutes denrées (autres que le pain de repas) nécessaires à la nourriture des hommes.

2° Objets divers, savoir :

Livrets d'ordinaires, éclairage des chambres, balais de propreté, ingrédients pour le marquage des effets d'habillement et de linge et chaussure, sabots de cuisine. (Ordonnance du 19 mars 1823, art. 813.)

Rasage, à raison de 0 fr. 10 c. par homme et par mois; le frater est tenu de couper les cheveux sans salaire. (Art. 76, infanterie, 90, cavalerie, des ordonnances du 2 novembre 1833.)

Blanchissage (2) : du linge de corps (une chemise, un caleçon et un mouchoir de poche par semaine), du linge de cuisine (deux blouses et deux pantalons par semaine, torchons en nombre suffisant). Ingrédients de nettoyage et de propreté, pour les armes, les effets d'habillement et de grand équipement, la coiffure, la chaussure, le harnachement. (Art. 170, infanterie, 220, cavalerie, *ibidem* ; et pour les torchons, décision ministérielle du 1er août 1854, 2e semestre, page 47.)

Gamelles individuelles. (Circulaires ministérielles des 26 mai 1841 et 8 avril 1850.)

Fourniture, entretien et remplacement des paniers pour la viande, des brosses pour le pain de soupe; entretien des ustensiles de cuisine, fournis et remplacés par la masse générale. (Décision ministérielle du 14 décembre 1861.)

(1) Le livret tient lieu aussi de cahier de quittances, le cas échéant. (Voir le § VII des recommandations générales, page 76.

(2) Pour le cas où le linge n'est pas blanchi dans des établissements spéciaux (décret impérial du 10 décembre 1853, suivi du règlement d'application du 19 juillet 1854), ou dispositions nouvelles à intervenir à ce sujet.

Nota. Les corps emploieront *exclusivement* les formules de livret que l'administration de la guerre se réserve de leur envoyer.

PRESCRIPTIONS A OBSERVER DANS LA TENUE DU LIVRET.

I. Les inscriptions sont faites au livret d'ordinaire par livrancier (*boulanger, boucher, épicier, etc.*) et par catégories de denrées.

II. On se conforme, pour les inscriptions, à la nomenclature ci-après :

Pain de soupe.

Viande { de bœuf ou de vache. / de mouton.

Lard.
Petit salé.
Saindoux.

Pommes de terre.
Choux.
Carottes.
Navets.
Poireaux.
Oignons.

Beurre.
Riz.
Légumes secs. { Haricots. / Lentilles. / Pois.
Vermicelle ou macaroni.
Sel . . . . . { blanc. / gris.
Poivre.
Girofle.
Laurier sec.
Oignons brûlés.
Huile fine.
Vinaigre.
Sucre.
Café.
Chandelle.

Vin.
Bière.
Cidre.
Eau-de-vie.

Savon.
Sel de soude.

Objets de vannerie et de brosserie.
Balais.

Graisse-huile pour les armes.
Cirage.
Encaustique.
Blanc. ocre. etc.

III. Lorsque des denrées appartenant à une catégorie sont fournies par un livrancier dans la spécialité duquel elles ne rentrent pas habituellement, on les inscrit, soit au commencement, soit à la fin du paragraphe qui le concerne, selon l'ordre qu'elles occupent dans la nomenclature.

IV. Lorsqu'il y a gestion partielle ou totale par la commission des ordinaires, les denrées et objets fournis par ses soins sont réunis dans une inscription distincte qui fait suite aux livraisons des fournisseurs. On se conforme pour cette inscription aux recommandations exprimées dans le paragraphe précédent.

V. Le livret d'ordinaire est arrêté tous les cinq jours (ou fin du mois). A l'issue de chaque période et après vérification contradictoire, le capitaine commandant fait remettre, à l'heure prescrite, par le sergent-major ou le maréchal des logis chef, au lieutenant secrétaire de la commission, la somme dont l'ordinaire est débiteur.

VI. Le lieutenant secrétaire émarge le livret pour quittance, paie les fournisseurs du montant des sommes qui leur sont dues par le corps entier, et retire un acquit au bas de la facture détaillée que chacun d'eux établit. Ces pièces justificatives sont jointes au compte mensuel de la commission. (Art. 17 du règlement du 14 décembre.)

VII. Lorsqu'une portion du corps se détache, si, en raison du nombre insuffisant des officiers (art. 19), elle doit laisser à la troupe le soin de pourvoir par elle-même à ses besoins, les achats continuent à être inscrits au livret dont la formule est préparée de manière à se prêter à cette éventualité.

Les acquits des fournisseurs sont donnés alors par ceux-ci dans la colonne à ce réservée, qui tient lieu de *cahier de quittances* (voir le modèle). Dans ce cas, l'officier commandant le détachement et l'officier chargé de la direction de l'ordinaire surveillent et assurent l'exécution rigoureuse des dispositions des ordonnances du 2 novembre 1833 (173, infanterie, 223, cavalerie), ainsi conçues :

« Les fournisseurs doivent être payés comptant et en présence de l'homme de corvée; il est défendu au chef « d'ordinaire d'acheter à crédit; le cahier des quittances doit chaque jour justifier des paiements faits au boucher, « boulanger, épicier. Toute remise, tout arrangement illicite entre les fournisseurs et le chef d'ordinaire sont « absolument interdits; ils entraînent le changement immédiat des premiers et la punition sévère du second; le « caporal encourt toujours la suspension, et au besoin la cassation; si son nom figure sur le tableau d'avancement, il en est rayé. »

Lorsque la portion détachée rentre, le livret est soumis à la commission des ordinaires, qui fait ressortir, dans un rapport spécial adressé au colonel, les observations que les opérations suggèrent, au point de vue des prix payés, de la régularité et de la sincérité des dépenses.

VIII. Le livret d'ordinaire forme un cahier qui sert pour douze mois, du 1er février d'une année jusqu'au 31 janvier de l'année suivante; il permet ainsi d'établir une concordance rigoureuse entre les inscriptions qui y sont faites et les écritures consignées au registre des distributions.

INVENTAIRE

DES OBJETS EN SERVICE A LA CUISINE ET DANS LES CHAMBRES (1).

DÉSIGNATION DES OBJETS.	SERVICE		NOMBRE.	ÉTAT D'ENTRETIEN		CONSTATATIONS, PRESCRIPTIONS ET OBSERVATIONS.
	QUI LES FOURNIT ET LES REMPLACE.	QUI LES ENTRETIENT.		à la date de reprise par le corps arrivant le	au 31 janv. 186 (Neuf. - Bon. - A réparer. - A rempl.)	
CUISINE.						
Écumoire.	Masse générale d'entretien.	Ordinaire.	1			
Passoire.	Idem.	Idem.	1			
Cuiller à pot.	Idem.	Idem.	1			
Grande fourchette	Idem.	Idem.	1			
Fourchette moyenne.	Idem.	Idem.	1			
Couteau à découper.	Idem.	Idem.	1			
Baquet à légumes.	Idem.	Idem.	1			
Gamelle.	Idem.	Idem.	1			
Boîte à sel et à poivre	Idem.	Idem.	1			
Porte-gamelle (2 pour 10 hommes)	Idem.	Idem.				
Chevalet pour scier le bois. . . .	Génie.	Génie.				
Scie.	Masse générale d'entretien.	Masse générale d'entretien.				
Hache.	Idem.	Idem.				
CHAMBRES.						
Grands bidons.	Masse générale d'entretien.	Masse générale d'entretien.	3			
Gamelles	Idem.	Idem.	3			

REPRISES DU MATÉRIEL CI-DESSUS ÉNUMÉRÉ.

DATES DES REPRISES SUCCESSIVES.	NOMS ET SIGNATURES DES CHEFS D'ORDINAIRE.	CONSTATATIONS, PRESCRIPTIONS ET OBSERVATIONS.
Février 186		
Mars		
Avril.		
Mai		
Juin.		
Juillet.		
Août.		
Septembre.		
Octobre		
Novembre.		
Décembre		
Janvier 186		

(1) Les inscriptions à faire par le corps arrivant sont effectuées à la diligence de son officier de casernement ; elles sont conformes à celles de l'acte qui a été rédigé par application de l'article 80 du règlement du 30 juin 1856. L'officier de casernement du corps partant et le garde du génie appelé pour représenter les intérêts du corps attendu doivent toujours concourir à cet acte.

Si les deux corps changent seulement de caserne dans la même place, le sous-intendant militaire convoque l'officier de casernement de chacun d'eux.

Lorsqu'il s'agit de l'inventaire annuel ou des simples mutations périodiques du chef d'ordinaire, l'officier de casernement et le lieutenant chargé de la direction de l'ordinaire procèdent par voie de récolement.

Dans toutes les hypothèses, les objets à réparer ou hors de service sont immédiatement remis en état ou remplacés, à la charge de l'auteur du dégât, de l'ordinaire, ou de la masse générale d'entretien, selon le cas.

SITUATIONS.	VIVANT à l'ordinaire.	N'Y VIVANT pas.	TOTAL.
Sous-officiers			
Caporaux et soldats.			
Subsistants.			
TOTAUX. . .			

ÉTAT nominatif des hommes qui, comptant à l'ordinaire, n'y ont pas mangé par suite de permission, et pour lesquels conséquemment aucune denrée n'a été prise.

DATES.	NOMS.	NOMBRE de repas.	MONTANT des économies.

Compte du Capitaine commandant avec le Chef d'ordinaire.

Le total des recettes s'élève à (1). . . . . . .

A-compte remis par le capitaine
- le . . .
- le . . .
- le . . .
- le . . .
- le . . .
- le . . .

TOTAL égal au crédit. . .

(1) Lorsque les à-compte du capitaine excèdent le produit de la solde, il retient le montant de la différence de la main à la main sur le premier paiement qui est fait à la compagnie.

RECETTES.

Mois d 186 (du au)

Il revient à l'ordinaire, pour les hommes qui y ont mangé :

Le , pour journées à centimes.
Le , pour journées à . . . . .
Le , pour journées à . . . . .
A reporter. . . . .

Report. . . . . .
Le , pour journées à centimes.
Le , pour journées à . . . . .
Le , pour journées à . . . . .

INDEMNITÉ de . . . .

PRODUITS ADDITIONNELS.

NUMÉROS du registre de punitions.	NOMS.	GRADES.	MOTIFS DES PRODUITS.	NOMBRE de journées.	PRIX.	DÉCOMPTE en argent.
			Produit de la vente des issues.			
			TOTAL.			

TOTAL des recettes. . . . .

A ajouter l'excédant de recette de la période précédente. . . . .

TOTAL GÉNÉRAL des recettes. . . . . . .

Les dépenses s'élèvent, pendant les jours, à. . . . .

Partant, il y a excédant de { Recette. . . . . / Dépense. . . . . }

Le Chef d'ordinaire,

Le Sergent Major ou *Maréchal des logis chef,*

VÉRIFIÉ par l'Officier
chargé de la direction de l'ordinaire.

DÉSIGNATION des CRÉANCIERS et des denrées.	PRIX des DENRÉES.	DÉPENSE DU 26 AU 30 NOVEMBRE. 26 NOVEMBRE. Quantités.	Sommes.	27 NOVEMBRE. Quantités.	Sommes.	28 NOVEMBRE. Quantités.	Sommes.	29 NOVEMBRE. Quantités.	Sommes.	30 NOVEMBRE. Quantités.	Sommes.	Quantités.	Sommes.	TOTAL des quantités.	TOTAL de la dépense.	OBSERVATIONS. Si le prix d'une denrée varie pendant le cours d'une période, mention en est faite en regard dans cette col. ÉMARGEMENT POUR QUITTANCE. *Nota.* Si des fractions détachées se trouvent dans le cas de ne pas avoir de commission des ordinaires, les quittances sont données journellement, par chaque fournisseur, dans l'une des cases de cette colonne. — Voir le spécimen ci-dessous (1).
	fr. c.	kil.	fr. c.	kil.	fr. c.	kil.	fr. c.	kil.	fr. c.	kil.	fr. c.	kil.	fr. c.	kil.	fr. c.	
M. PIERRE, BOULANGER																
Pain.	0 29	28 00	8 12	28 00	8 12	28 00	8 12	28 00	8 12	28 00	8 12	»	»	140 00	40 60	
M. JEAN, BOUCHER.																
Viande de bœuf.	0 90	30 00	27 00	30 00	27 00	30 00	27 00	30 00	27 00	30 00	27 00	»	»	150 00	135 00	
M. DOMINIQUE, ÉPICIER.																
Lard.	1 60	10 00	16 00	10 00	16 00	10 00	16 00	10 00	16 00	10 00	16 00	»	»	50 00	80 00	
Saindoux. . . .	1 60	2 00	3 20	2 00	3 20	2 00	3 20	2 00	3 20	2 00	3 20	»	»	10 00	16 00	
Riz.	0 44	2 00	0 88	2 00	0 92	»	»	»	»	»	»	»	»	4 00	1 80	Le 27, 0f 46c le kil.
Haricots. . . .	0 45	»	»	»	»	2 00	0 90	2 00	0 90	»	»	»	»	4 00	1 80	
Lentilles. . . .	0 45	»	»	»	»	»	»	»	»	2 00	0 90	»	»	2 00	0 90	
Sel blanc. . . .	0 25	3 00	0 75	3 00	0 75	»	»	»	»	»	»	»	»	6 00	1 50	
Sel gris. . . .	0 16	2 00	0 32	2 00	0 32	»	»	2 00	0 32	4 00	0 64	»	»	10 00	1 60	
Poivre.	2 50	0 050	0 125	0 050	0 125	0 050	0 125	0 050	0 125	0 050	0 125	»	»	0 250	0 63	
Chandelle. . . .	1 48	1 00	1 48	1 00	1 48	1 00	1 48	1 00	1 48	1 00	1 48	»	»	5 00	7 40	
Savon.	1 166	»	»	»	»	3 00	3 50	»	»	»	»	»	»	3 00	3 50	
Balais.	0 10	5	0 50	»	»	»	»	»	»	»	»	»	»	5	0 50	
															115 63	
COMMISSION DES ORDINAIRES																
Pommes de terre	0 10	40 00	4 00	40 00	4 00	»	»	»	»	»	»	»	»	80 00	8 00	
Choux.	0 04	»	»	»	»	»	»	5	0 20	5	0 20	»	»	10	0 40	
Poireaux. . . .	0 10	10	1 00	»	»	5	0 50	»	»	»	»	»	»	15	1 50	
Ingrédiens divers	0 01	»	»	»	»	»	»	»	»	400 jrs.	4 00	»	»	»	4 00	
Total des dépenses journalières égal à celui du registre des distributions.		»	63 375	»	64 945	»	60 825	»	57 345	»	61 665	»	»	»	305 13	Emargement du secrétaire de la commission.
Blanchissage de la semaine.		»	»	»	»	»	»	»	»	80 hes.	4 00	»	»	»	4 00	Émargement.
Perruquier. (Dépense du mois.).		»	»	»	»	»	»	»	»	80 hes.	8 00	»	»	»	8 00	Émargement.
Total général des dépenses du 26 au 30 novembre. . .		»	63 375	»	64 945	»	60 825	»	57 345	»	73 665	»	»	»	317 13	
Noms des hommes de corvée.		MARCHAL. LOUVEL.		BENOIST. GRÉGOIRE.		LORAIN. BERNARD.		PAULIN. DOMINIQUE.		LAURET. DOURLANG.						(1) 26 nov. Pierre. / 27 Pierre. / 28 Pierre. / 29 Pierre. / 30 Pierre.

www.ingramcontent.com/pod-product-compliance
Ingram Content Group UK Ltd.
Pitfield, Milton Keynes, MK11 3LW, UK
UKHW021624260726
13994UKWH00003B/1052

9 782329 305349